# Polvo De Duendecillo

## ADULTO COLOREAR EDICIÓN DEL LIBRO DE LAS HADAS

**Coloring Bandit**



Publicado por Speedy Publishing Canada Limited

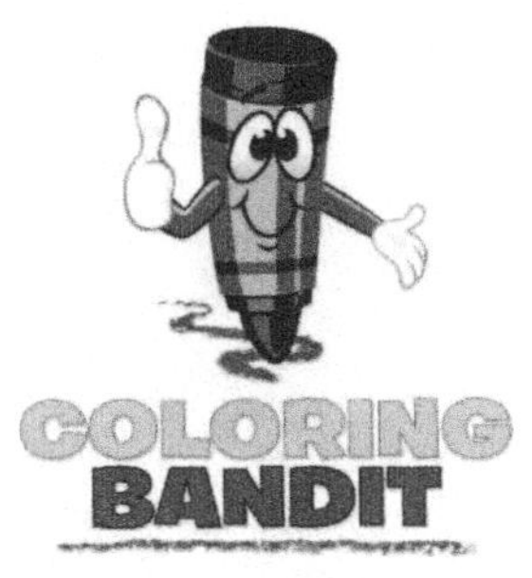

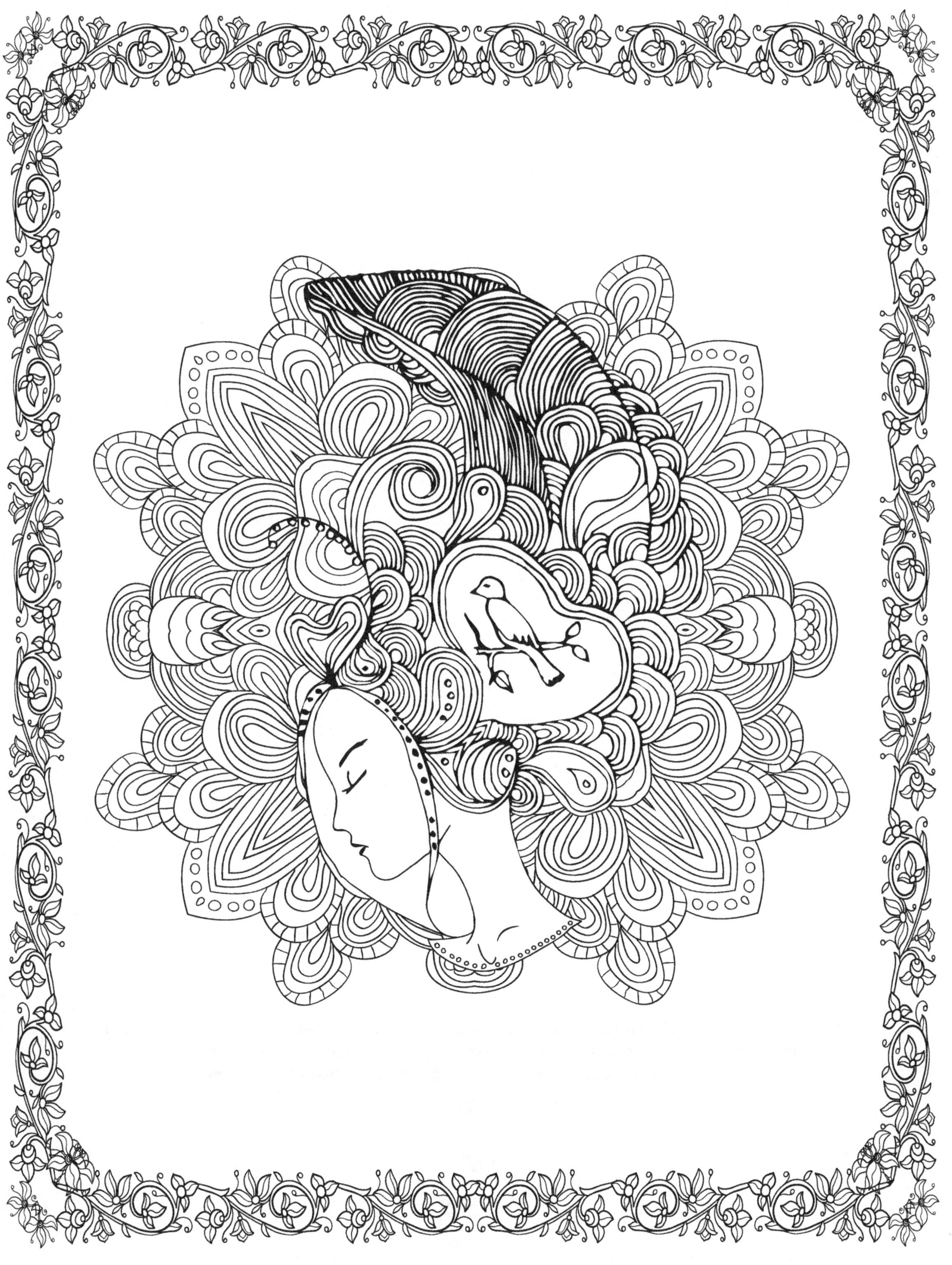

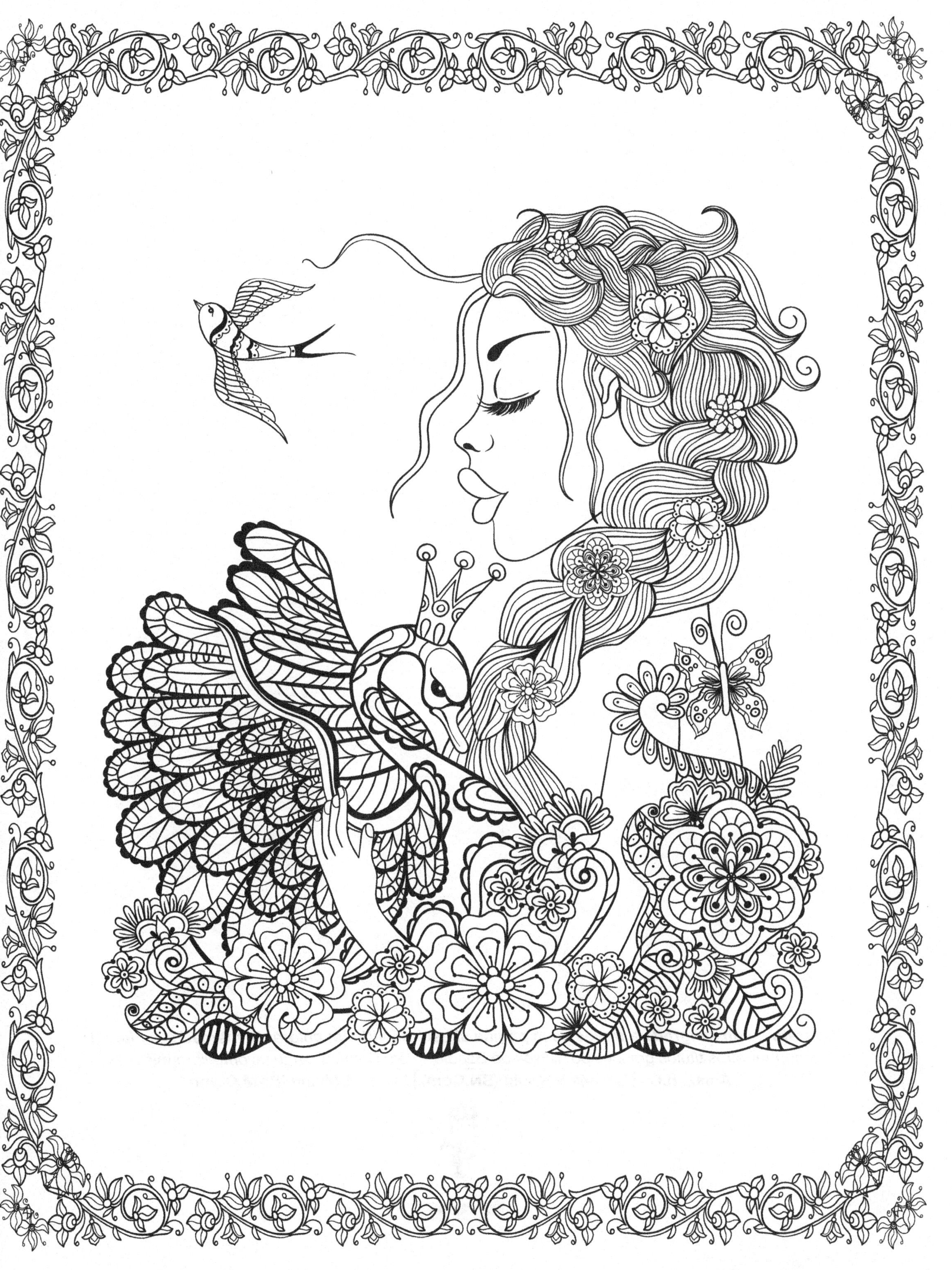

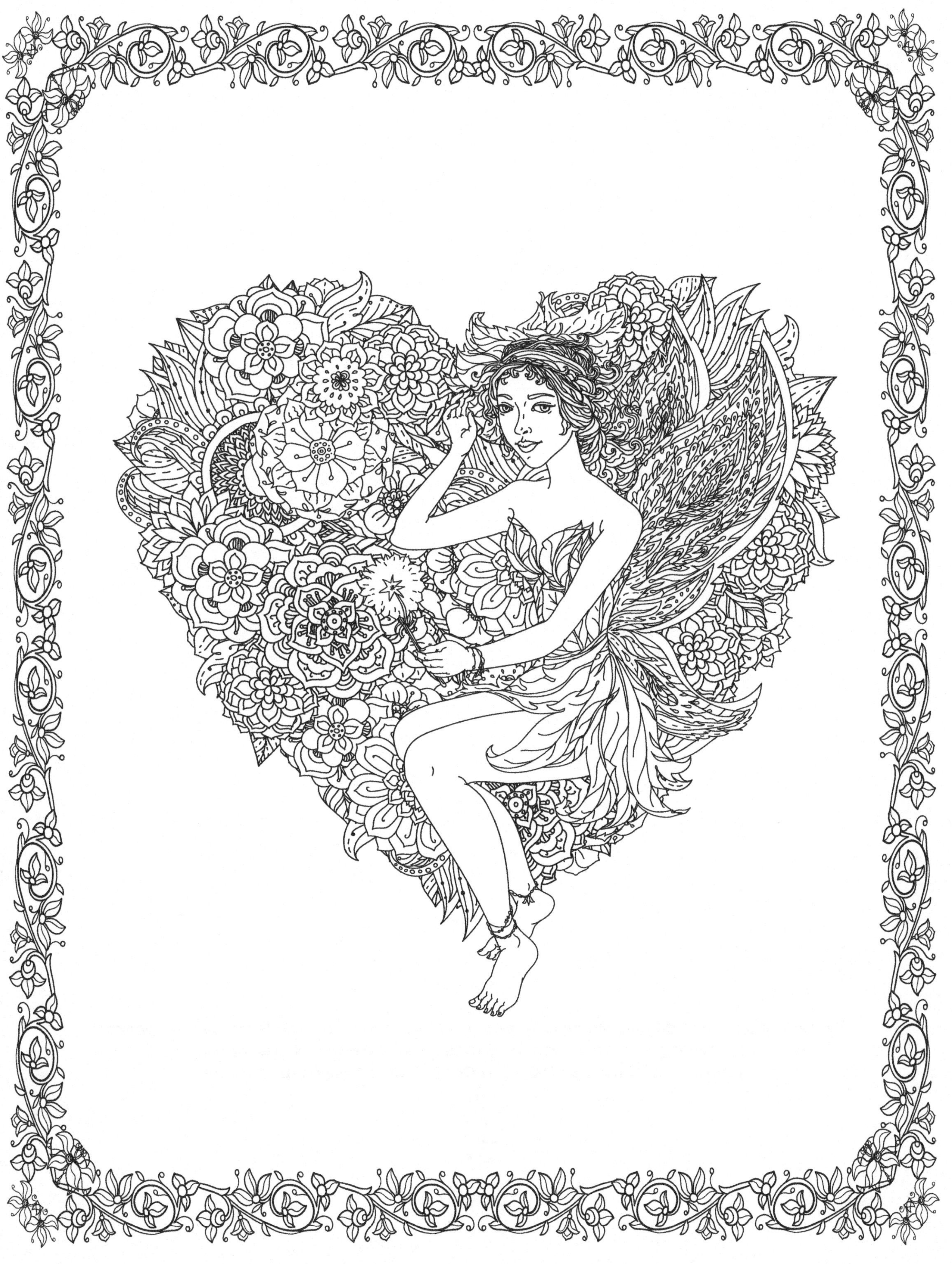

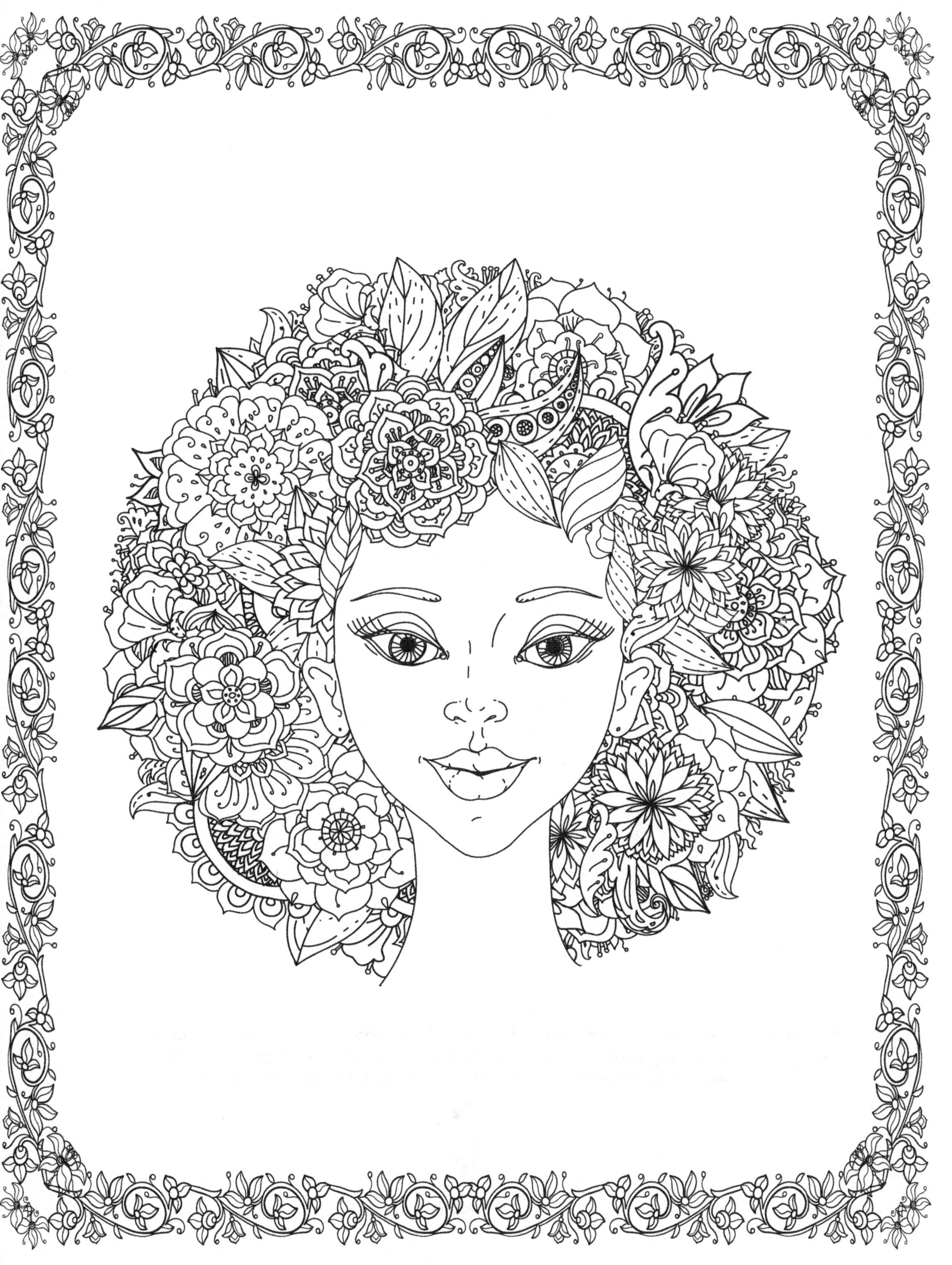

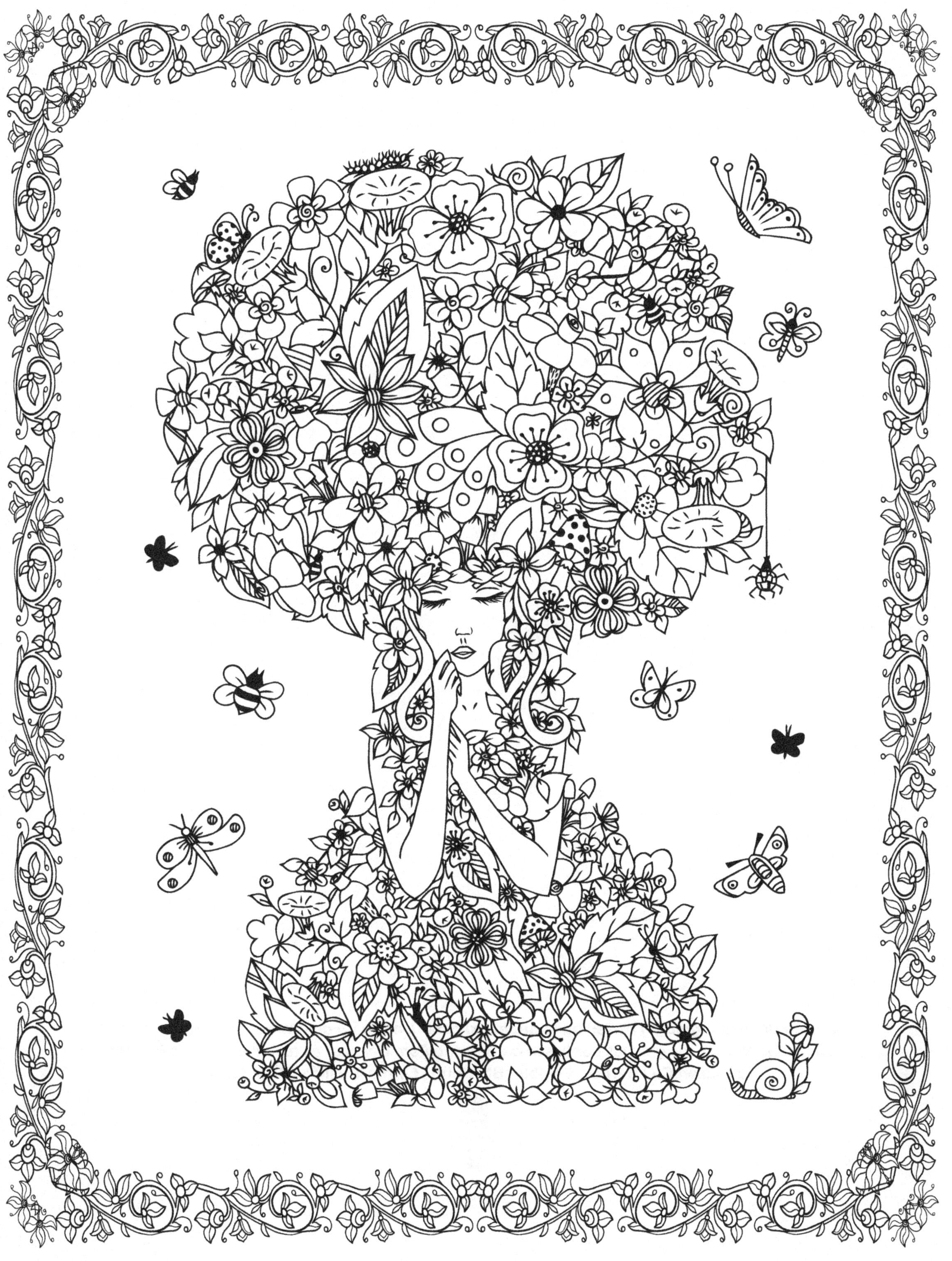

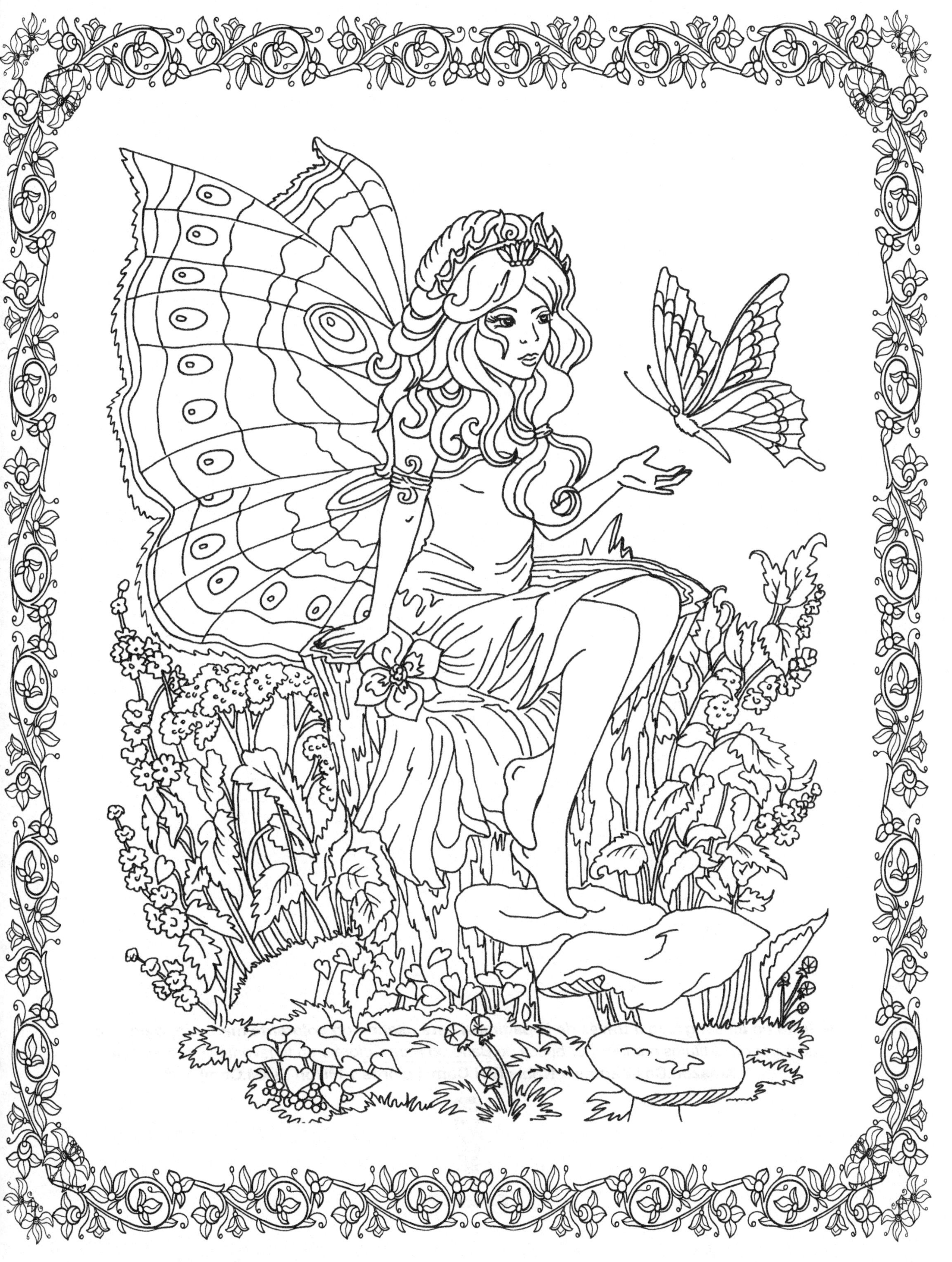

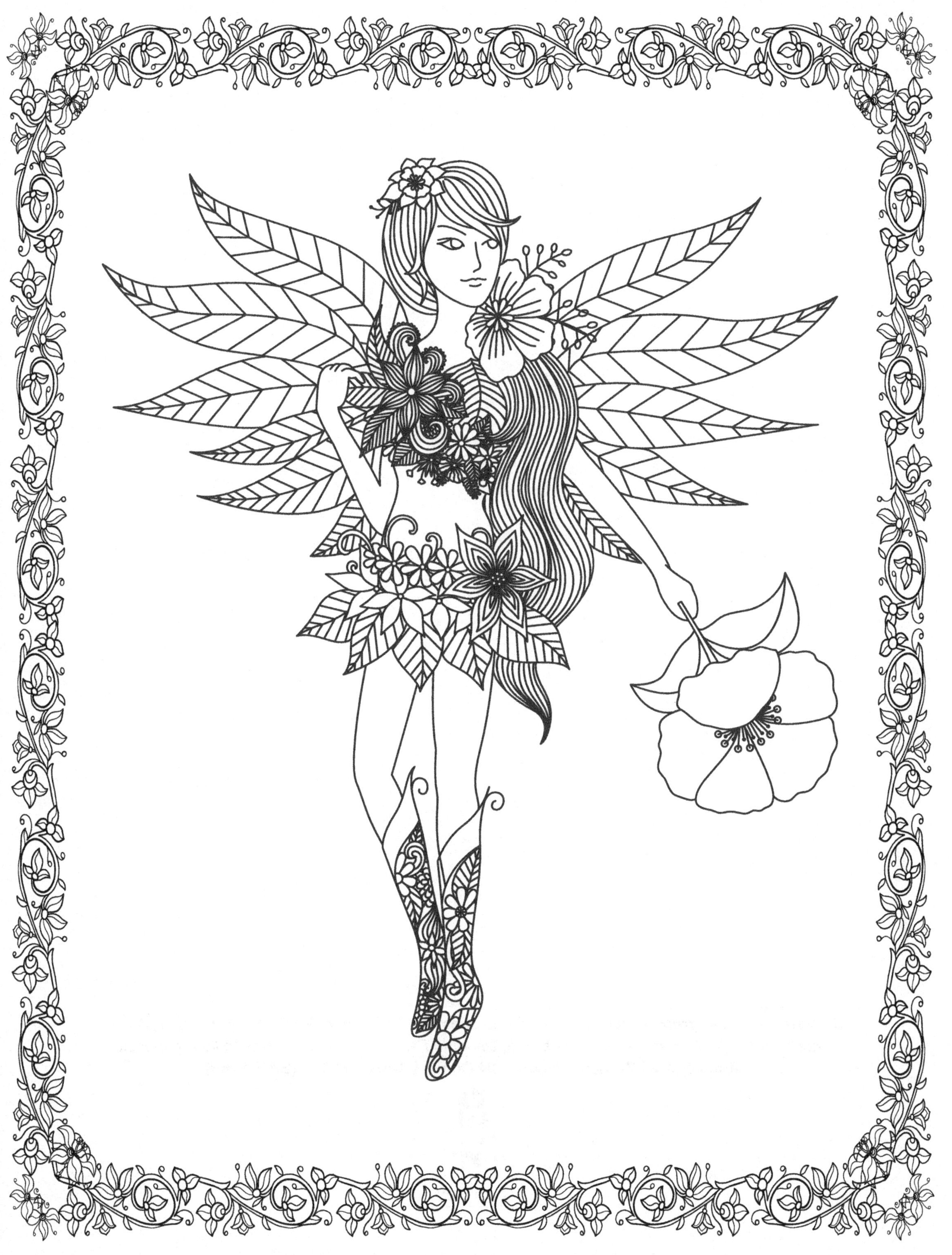

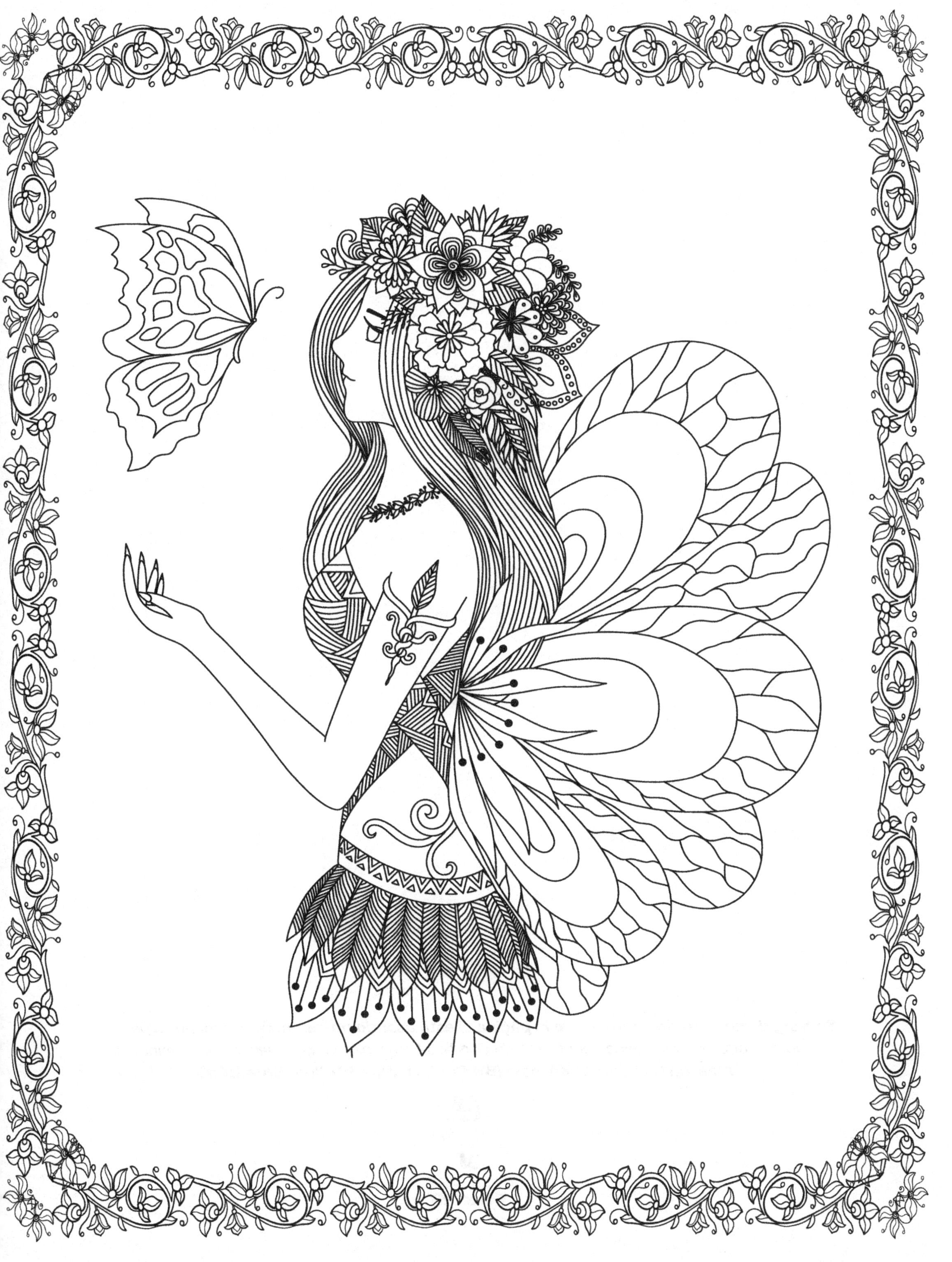

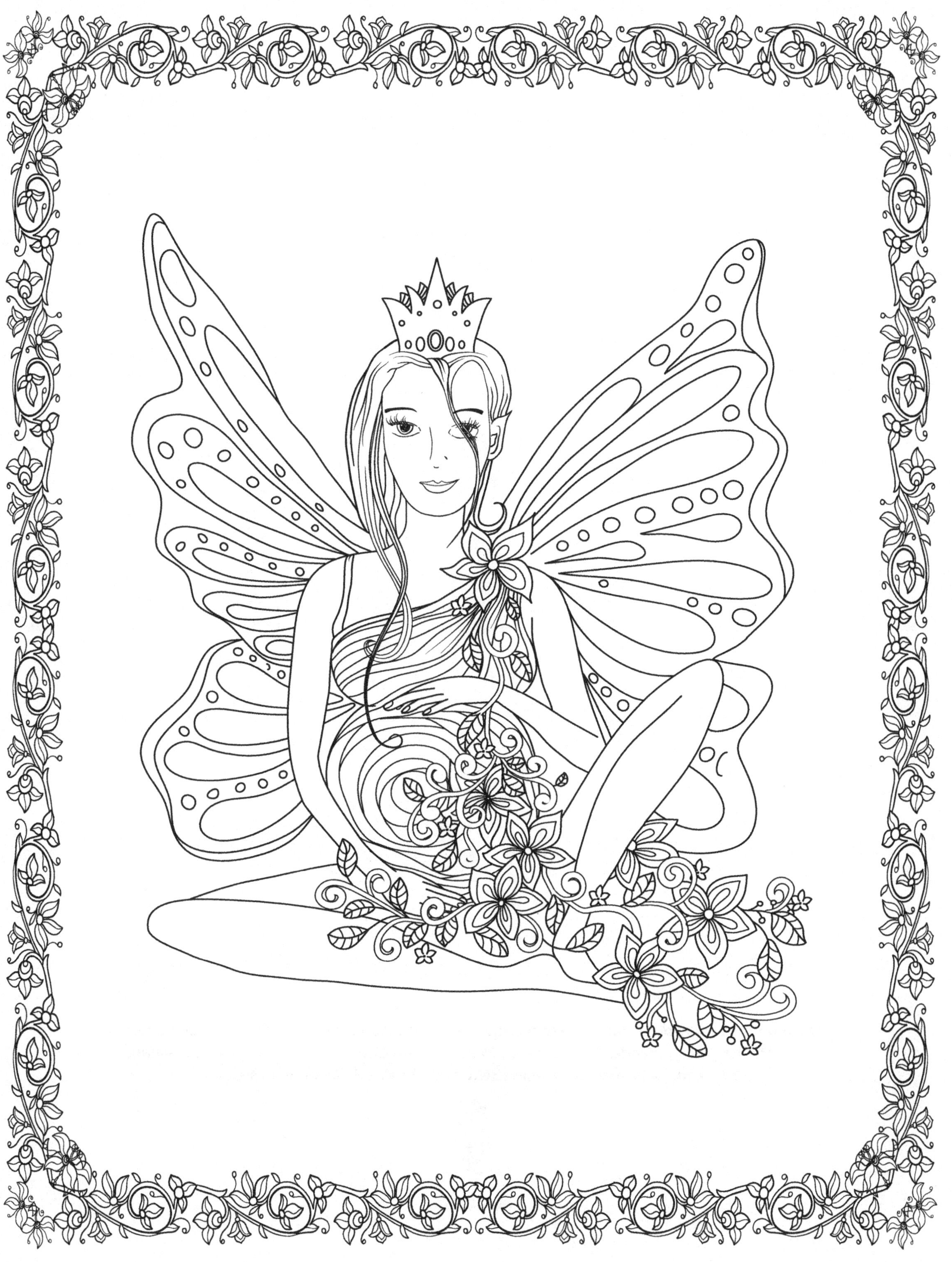

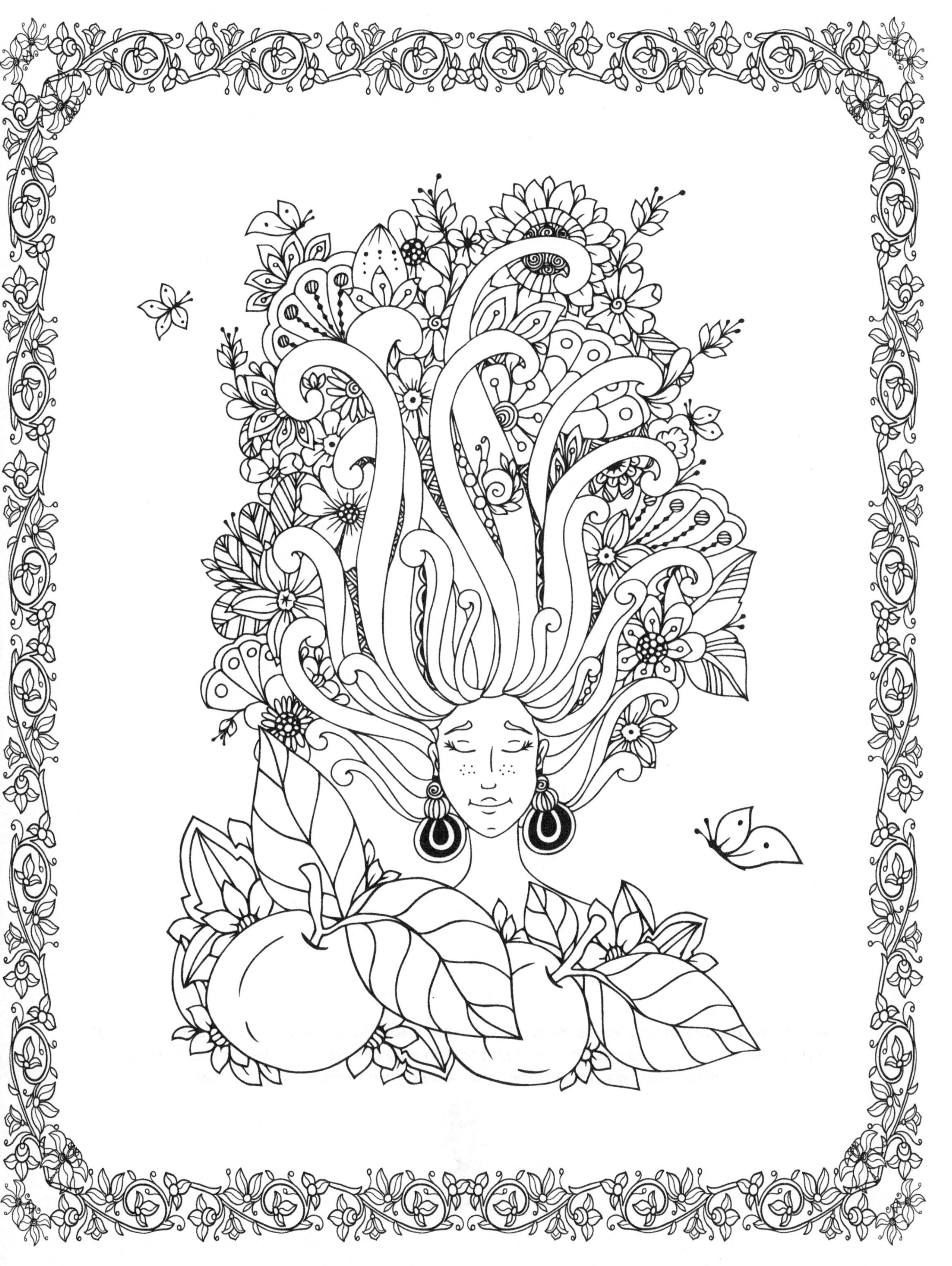

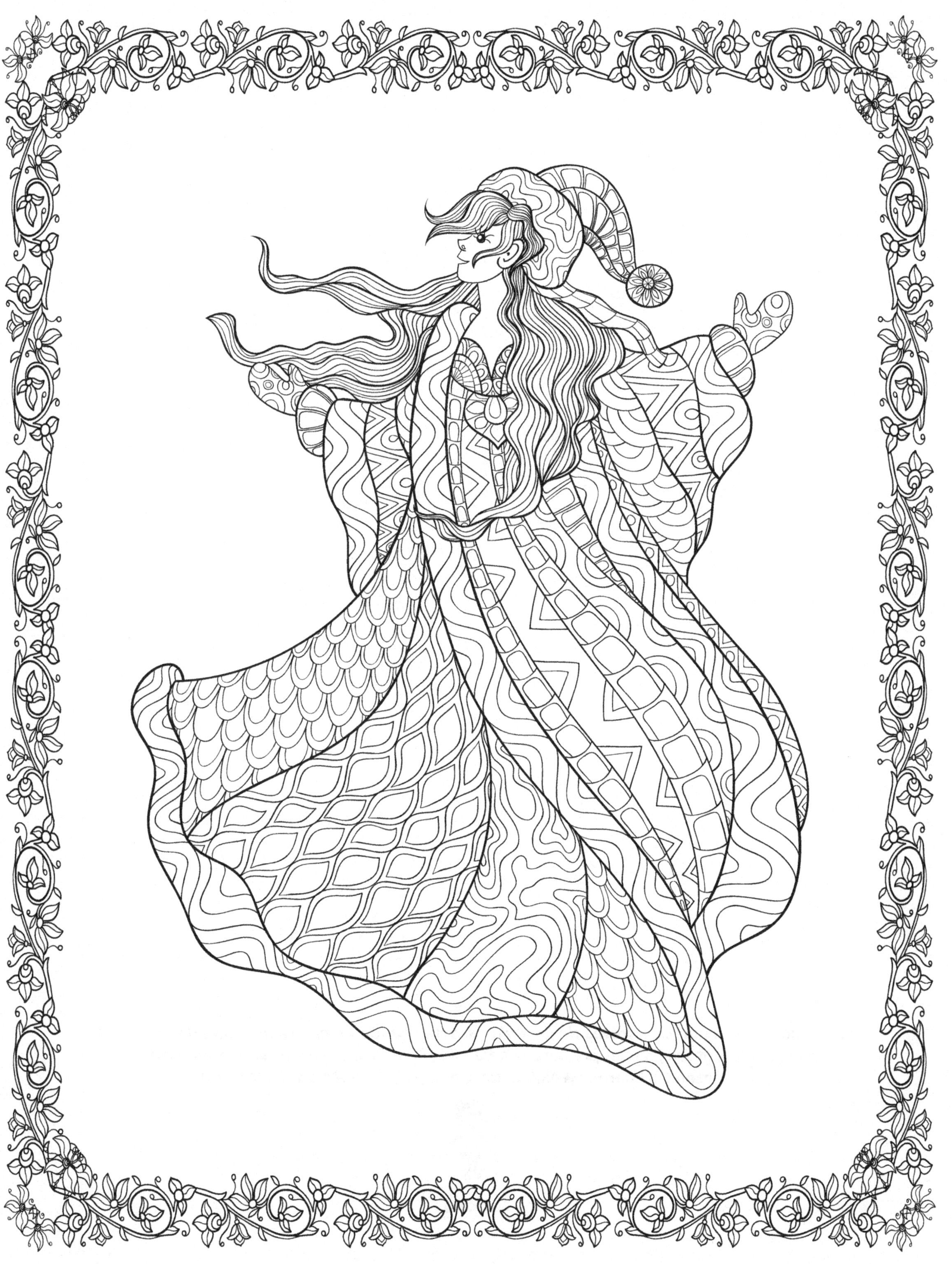

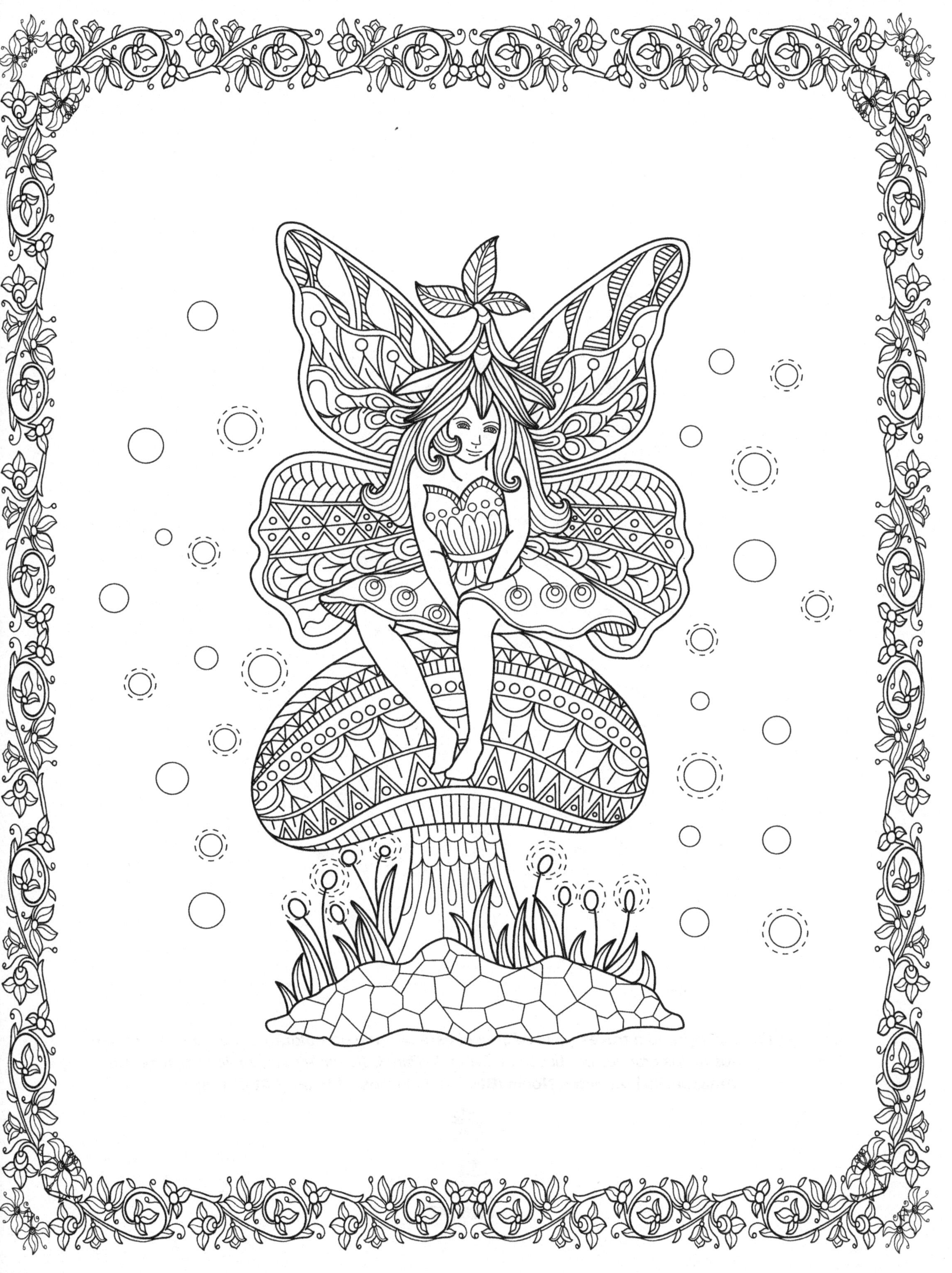

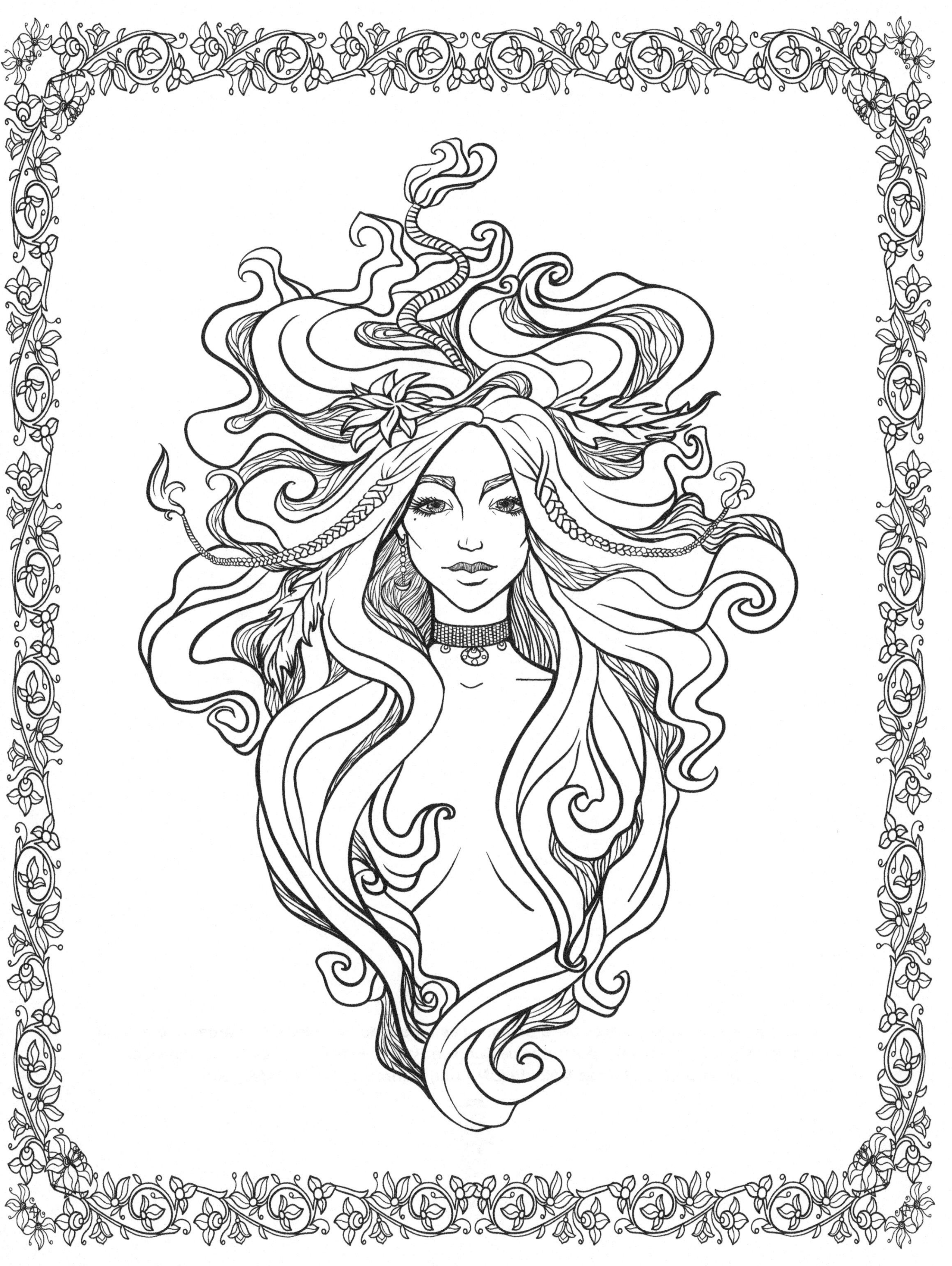

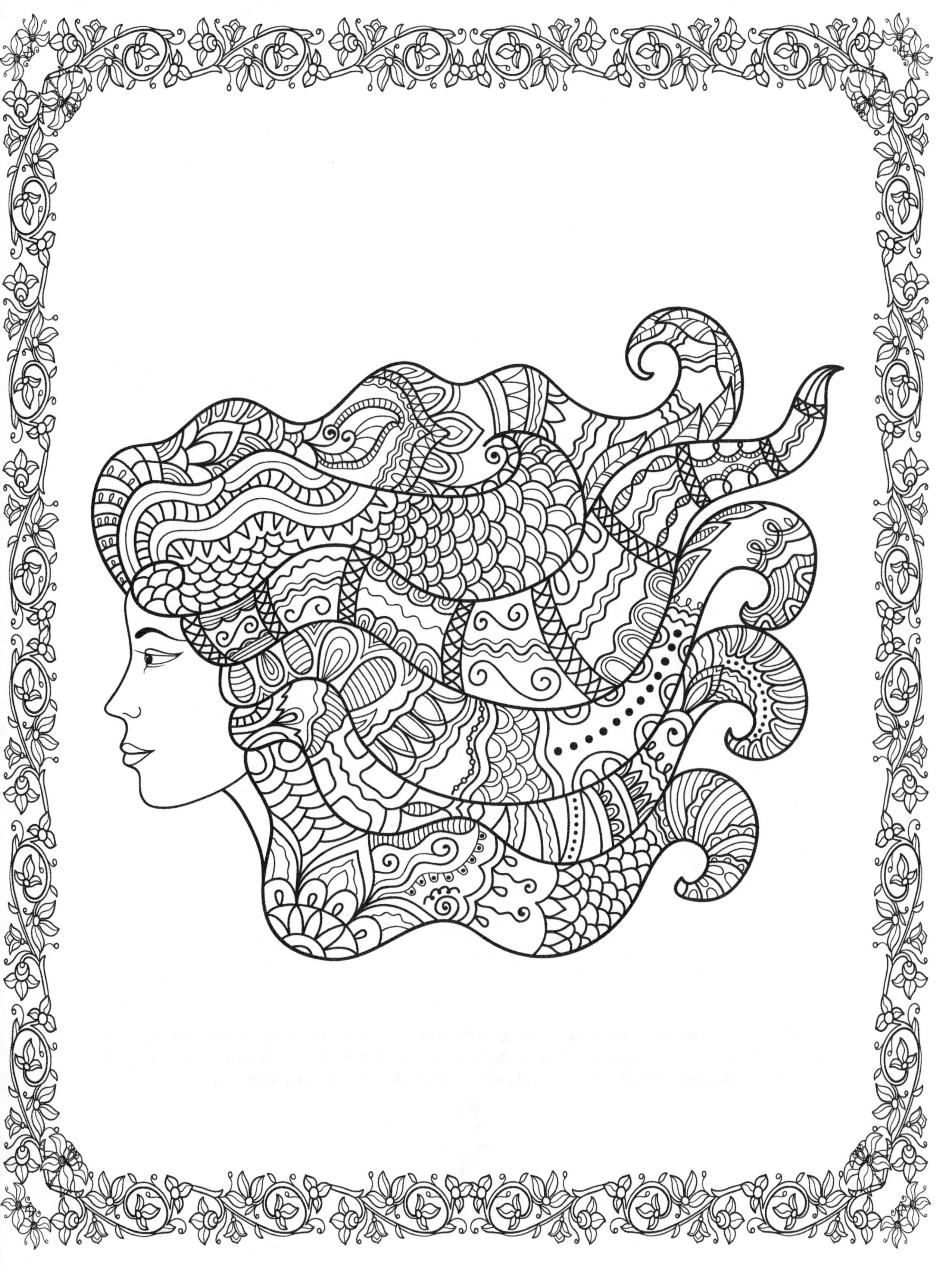

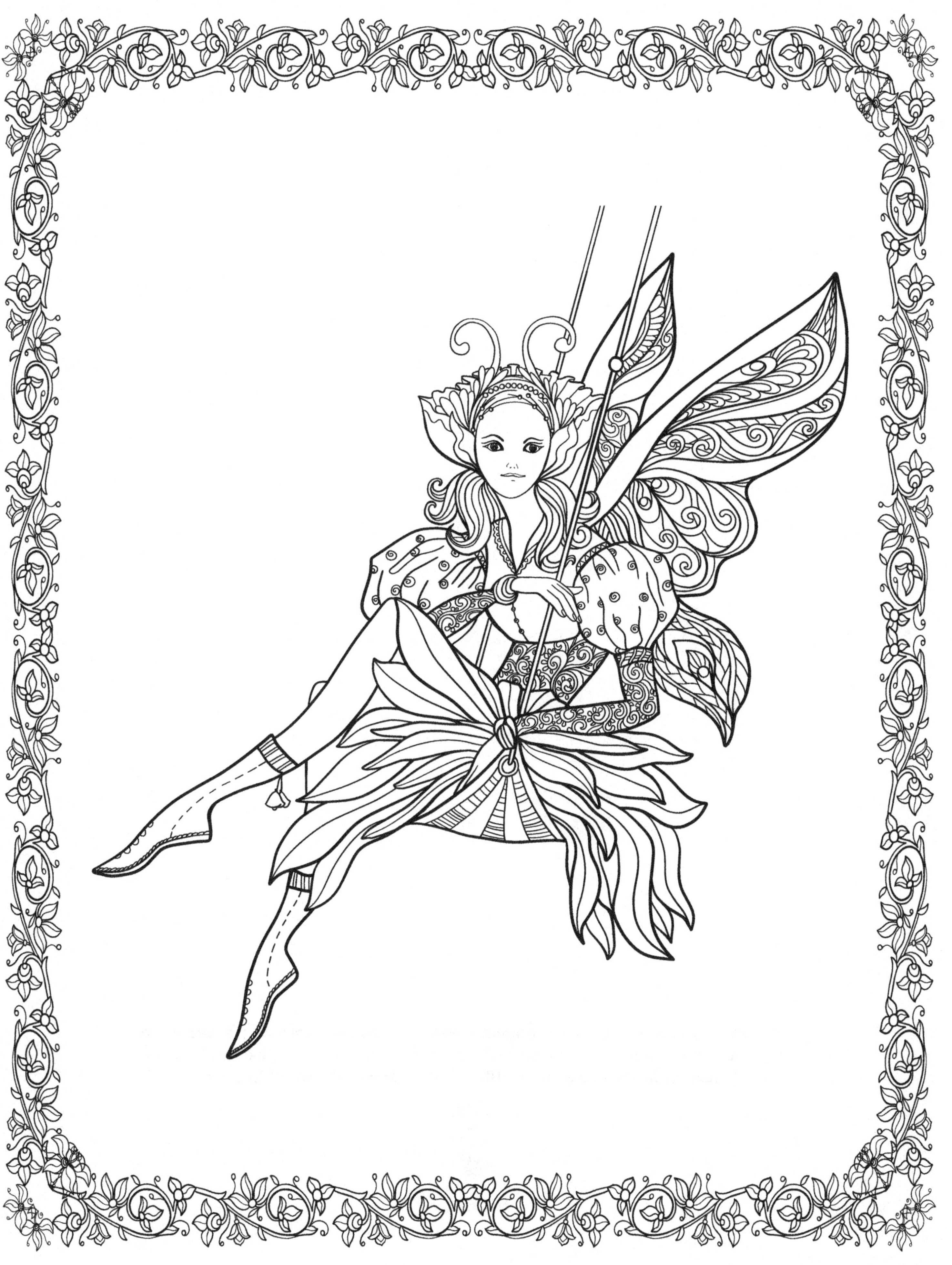

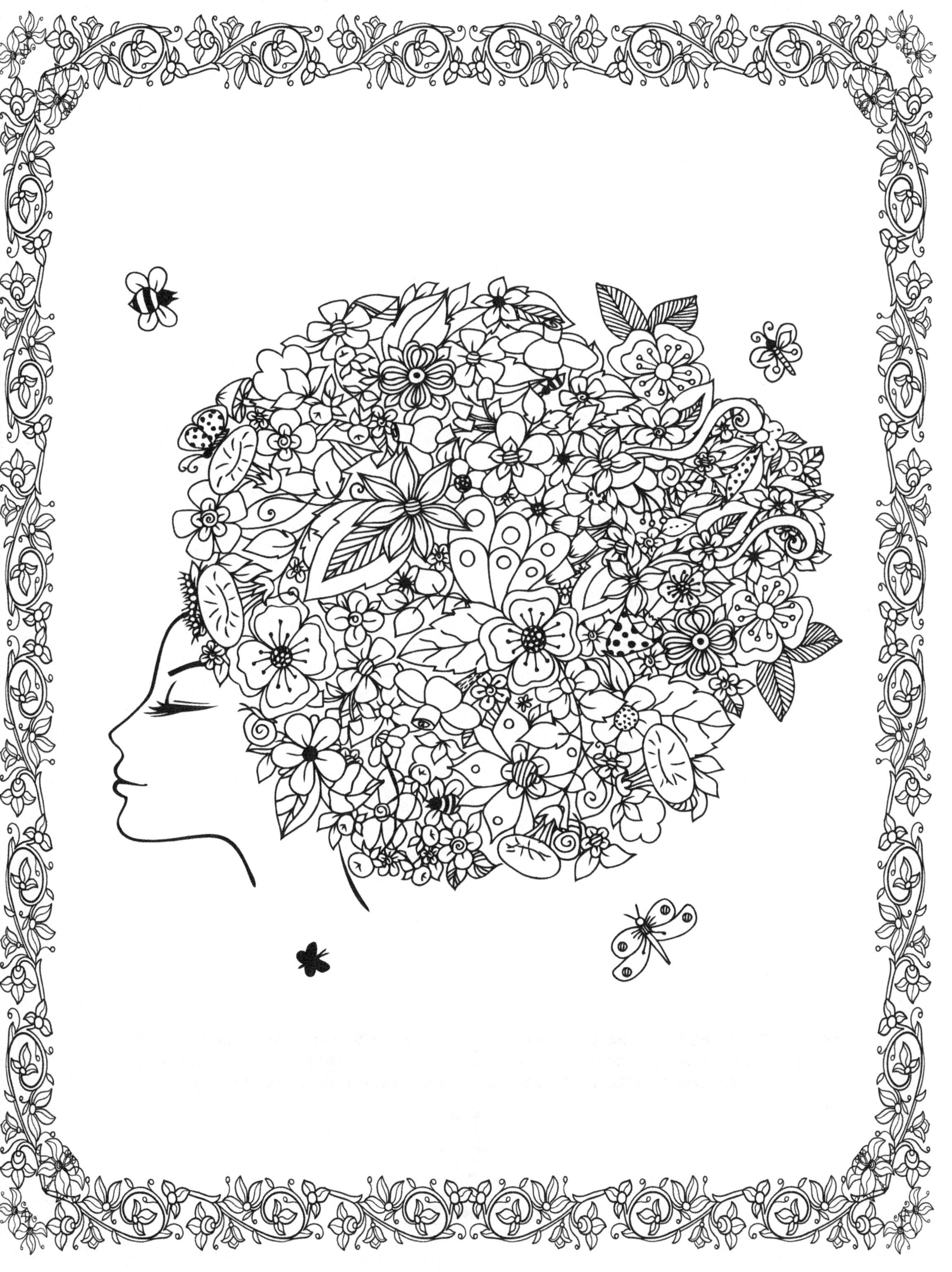

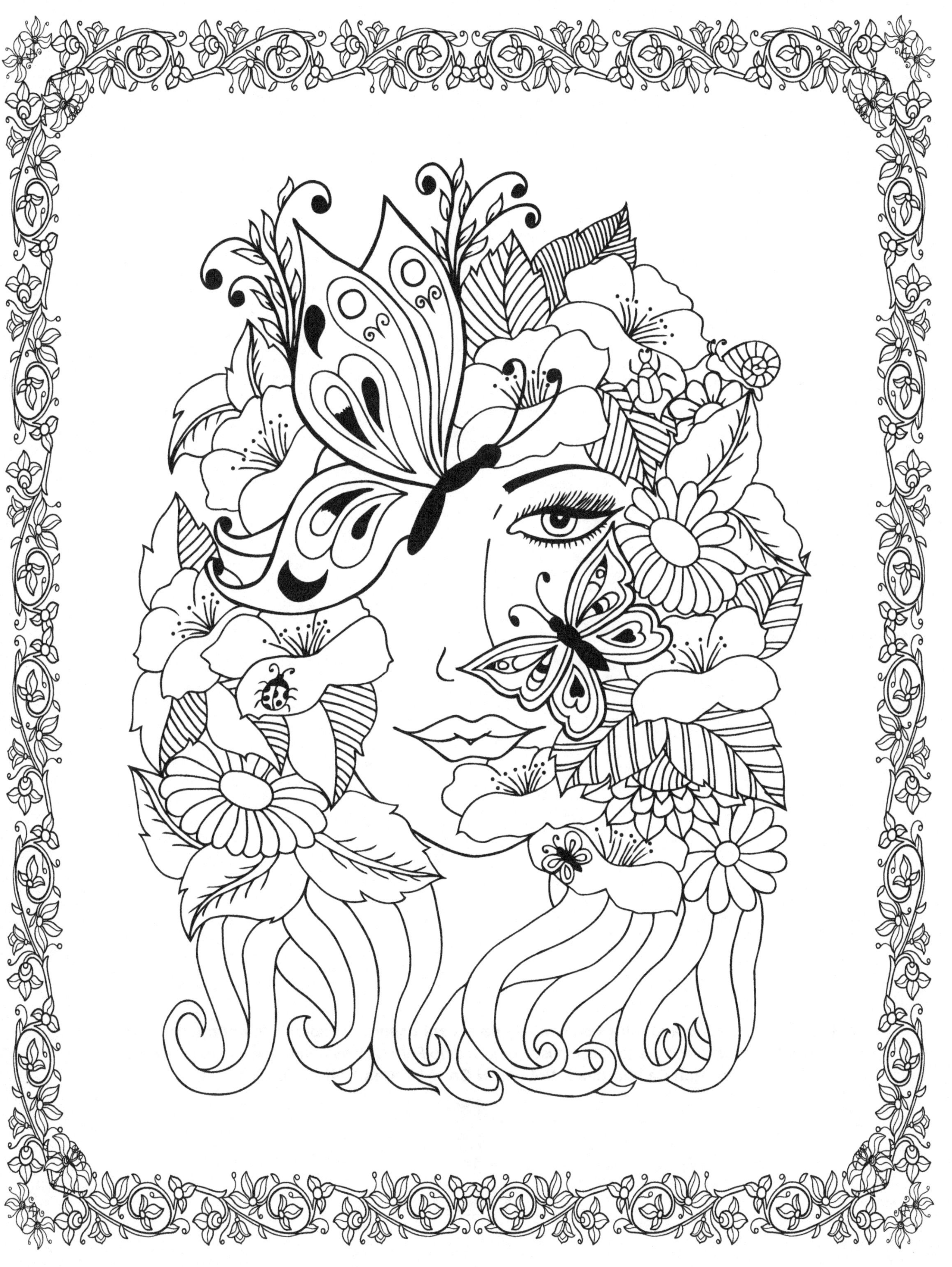

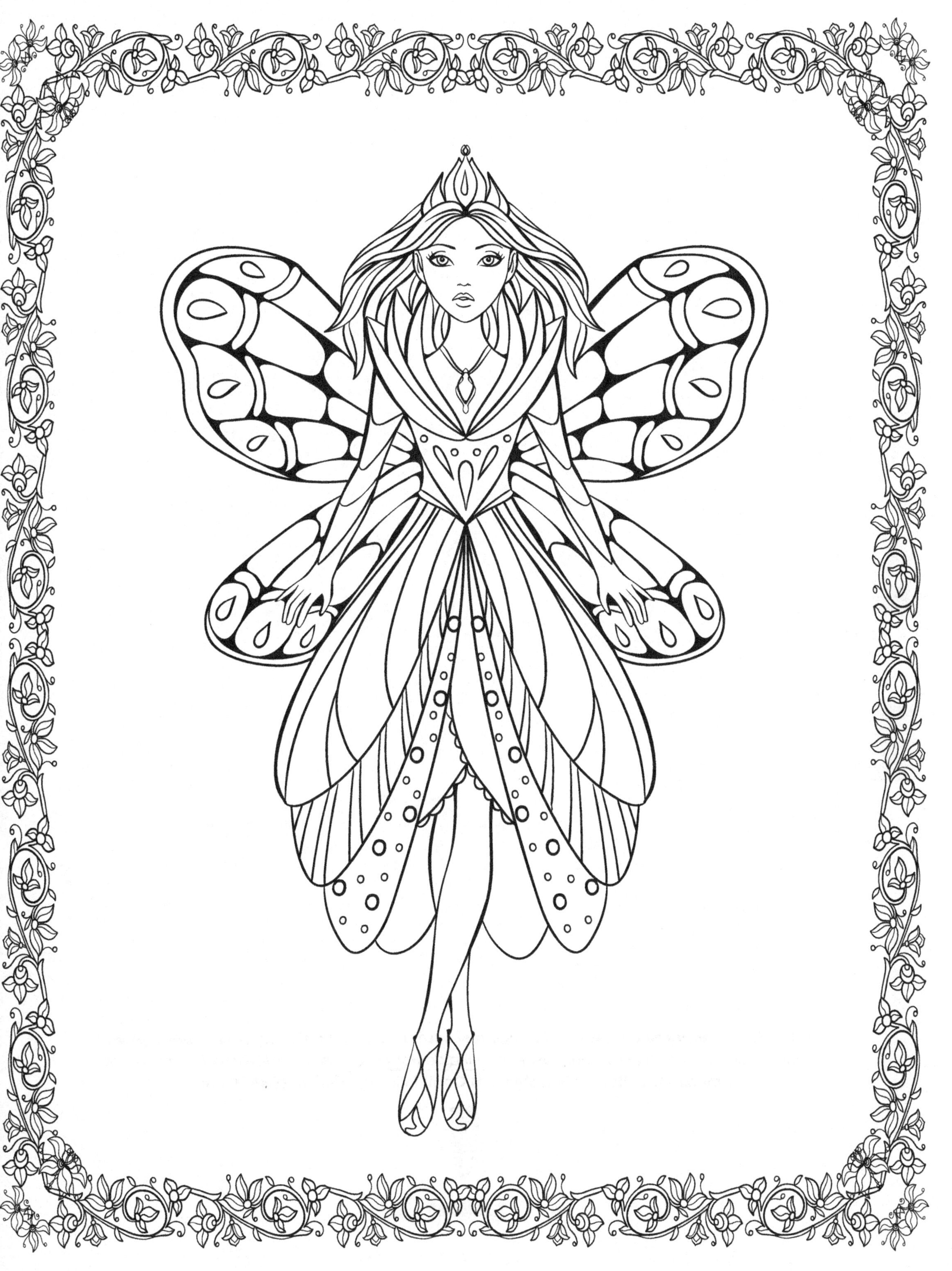

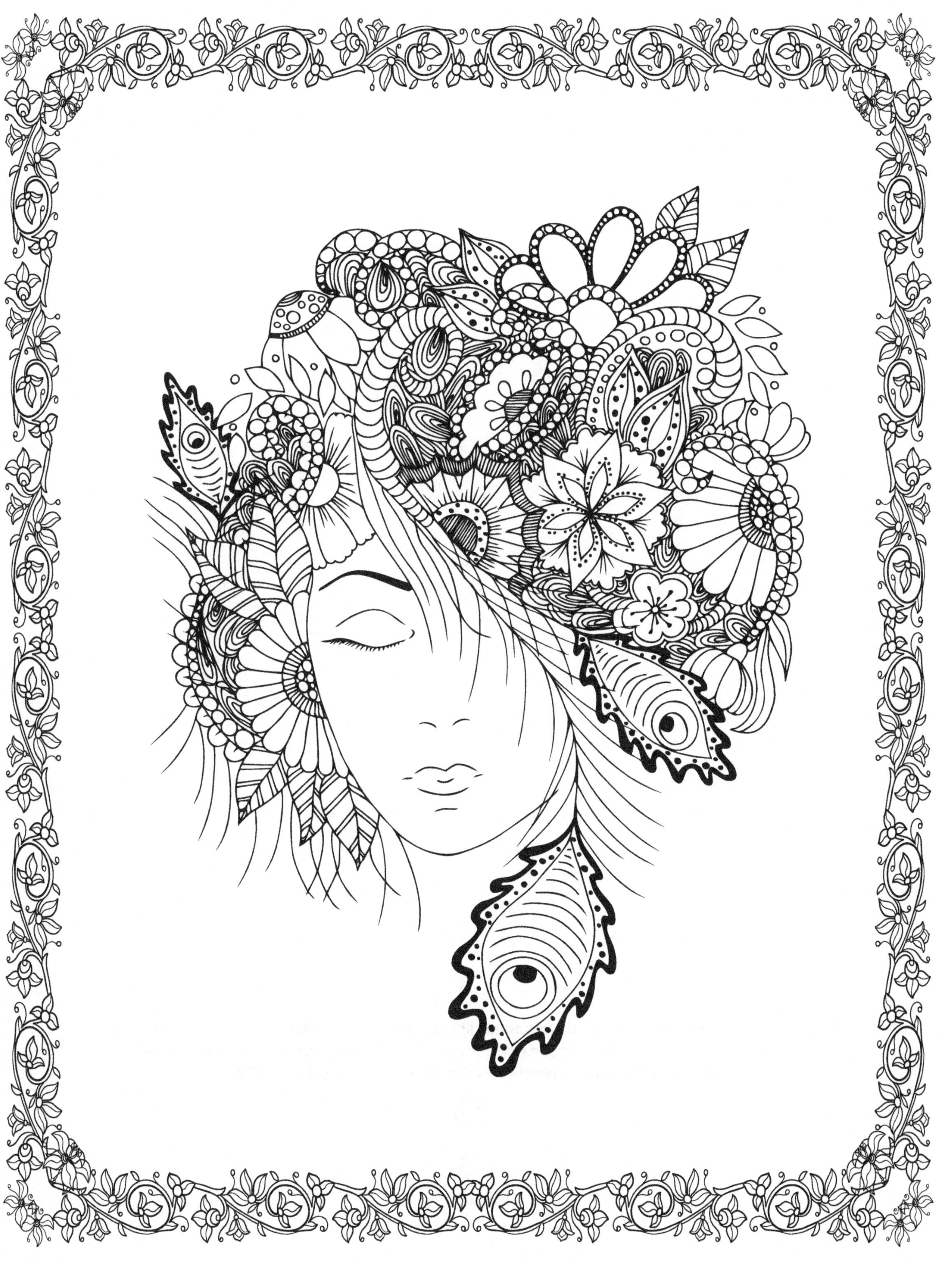

*Se trata de un sangrado a través de la página si está usando un colorante marcador o pluma!*
*Encontrar otros títulos grandes por busca de Bandido Para Colorear en tu favorito libro minorista*
**Amazon.Ca | Barnes & Noble (BN.Com) | Libros 1 Millón (BAM.Com)**

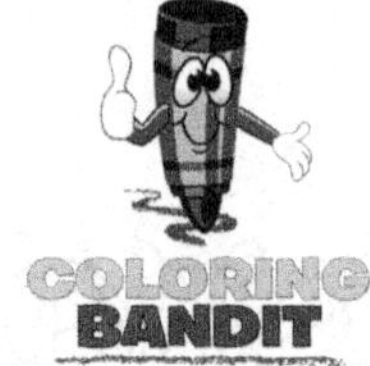

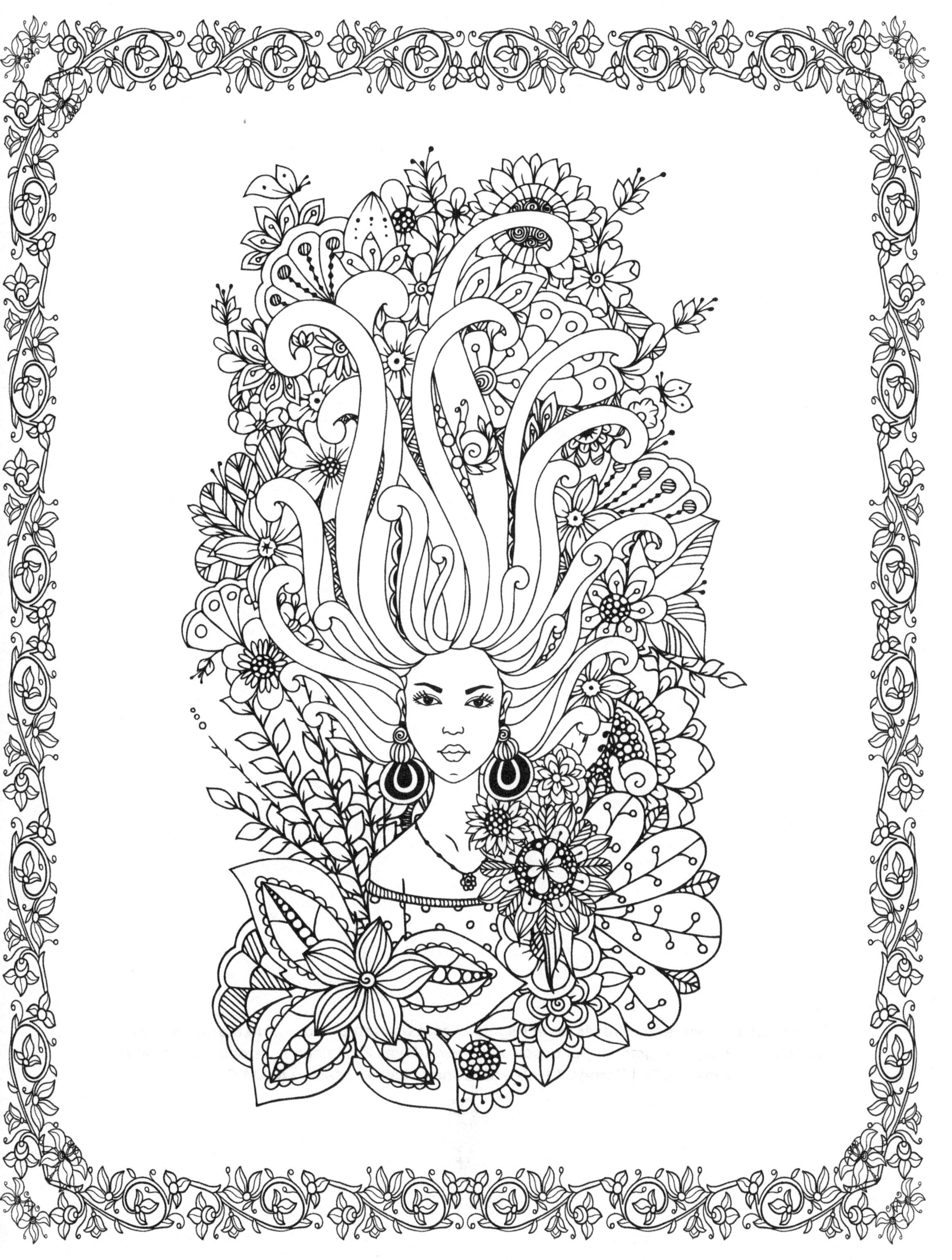

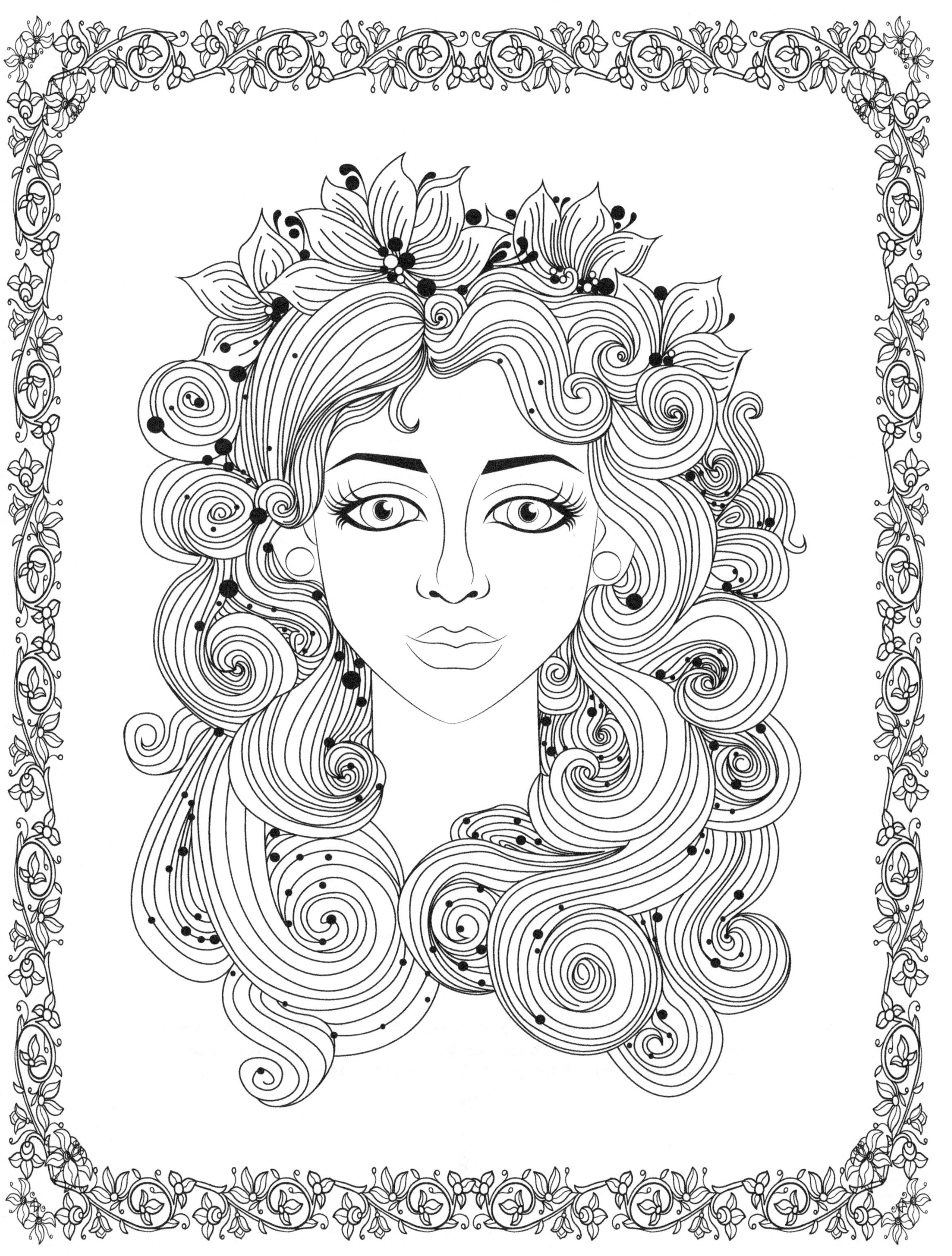

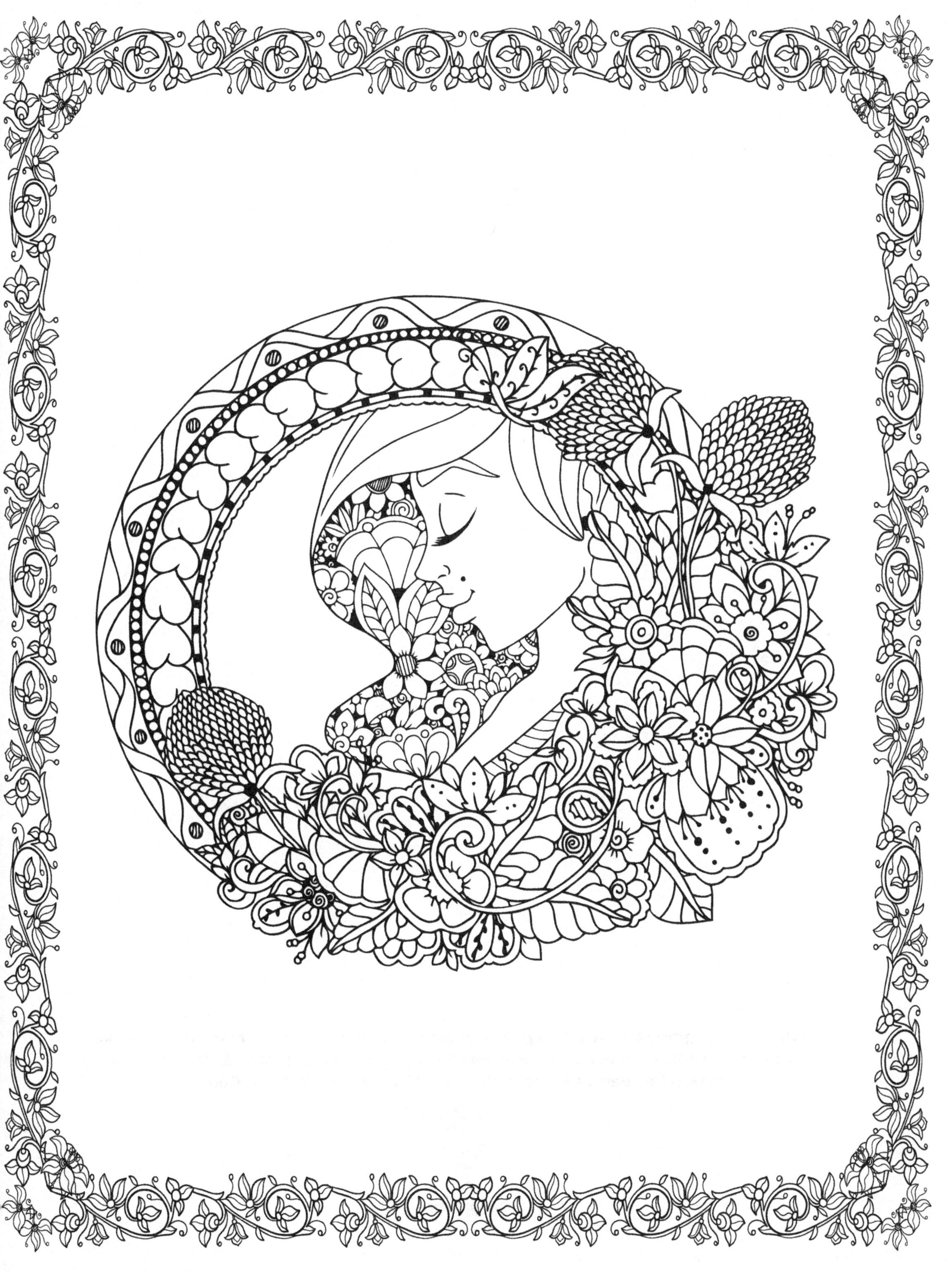

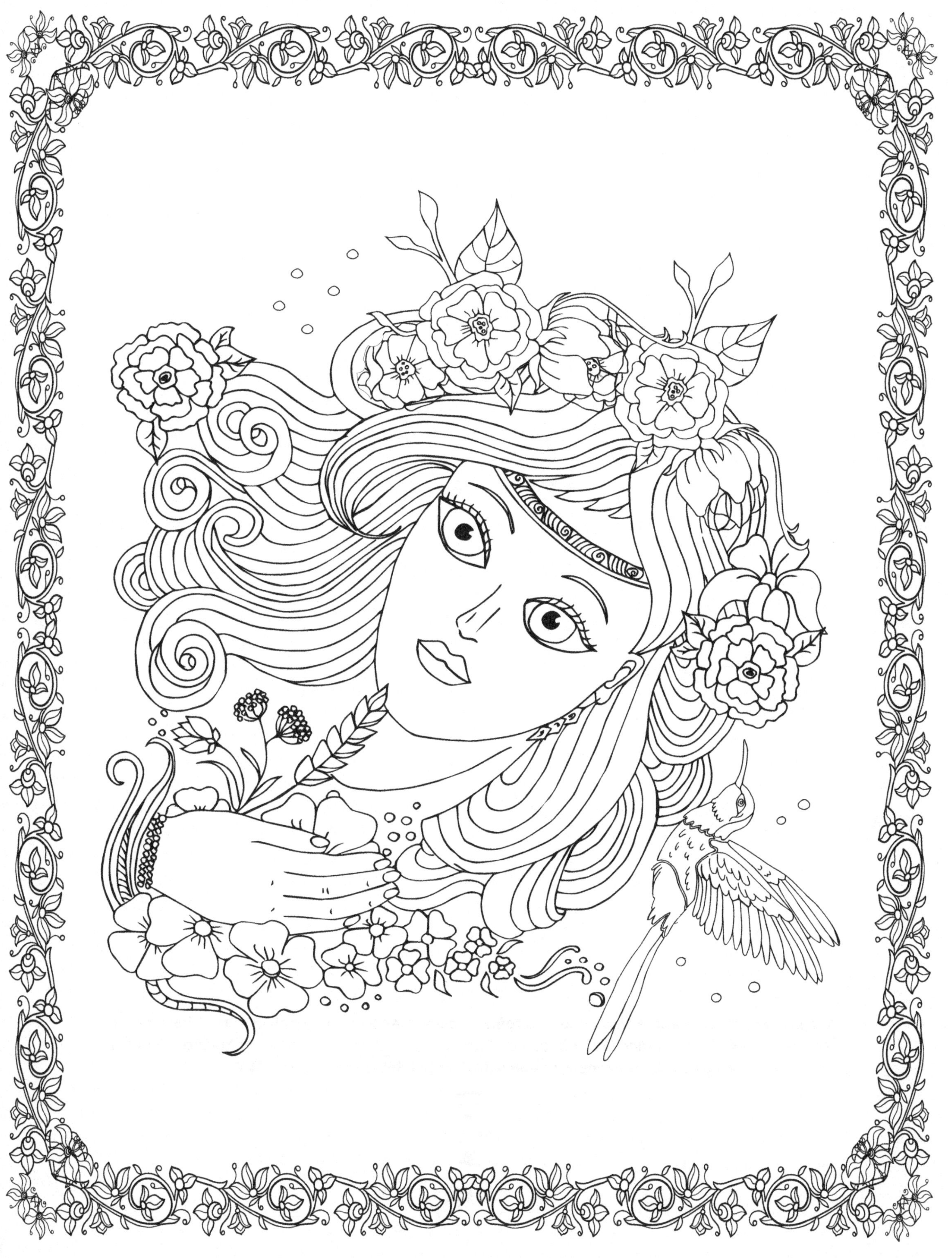

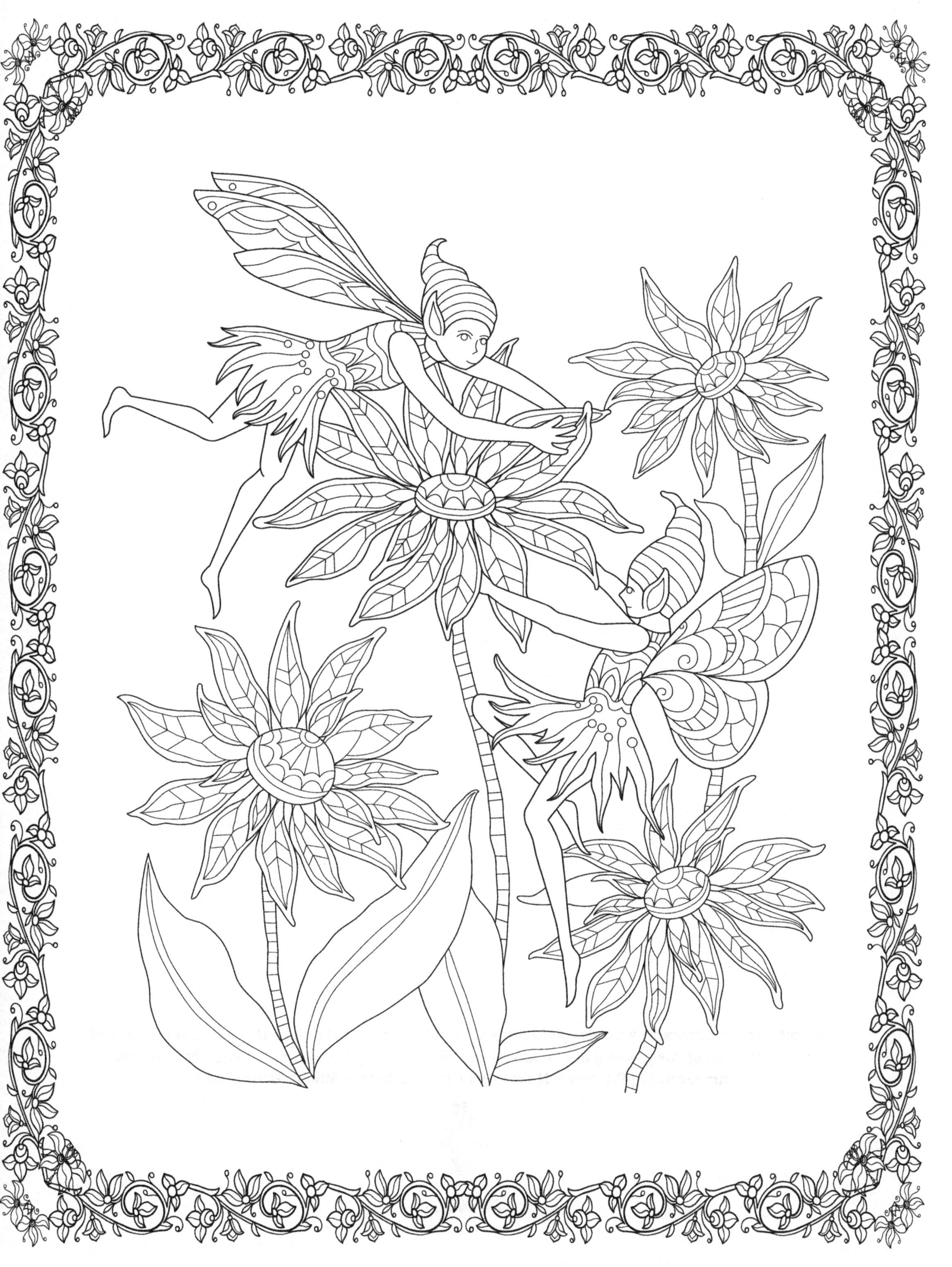

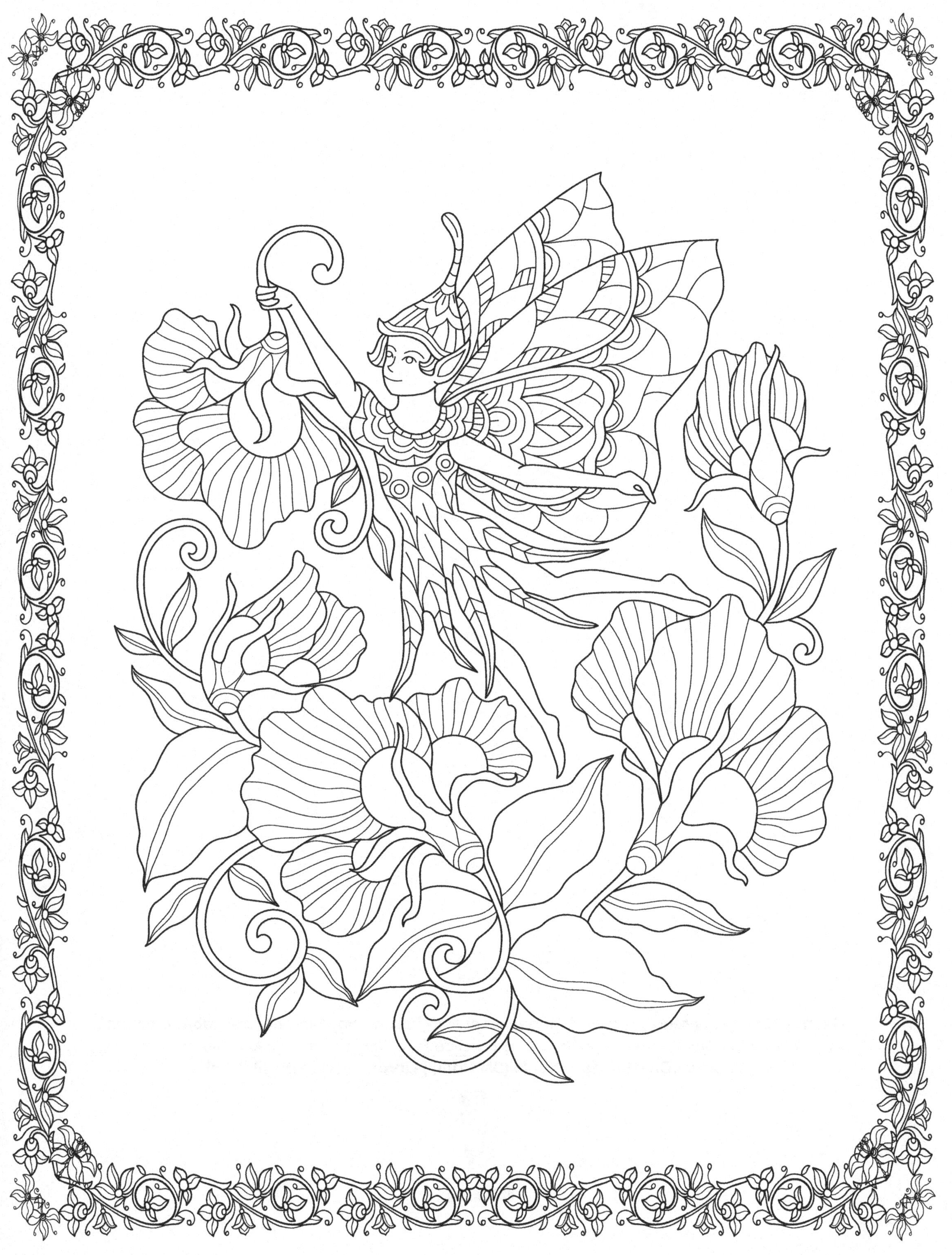

*Se trata de un sangrado a través de la página si está usando un colorante marcador o pluma!*

*Encontrar otros títulos grandes por busca de <u>Bandido Para Colorear</u> en tu favorito libro minorista*

**Amazon.Ca | Barnes & Noble (BN.Com) | Libros 1 Millón (BAM.Com)**

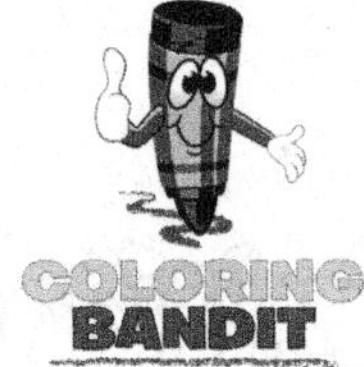

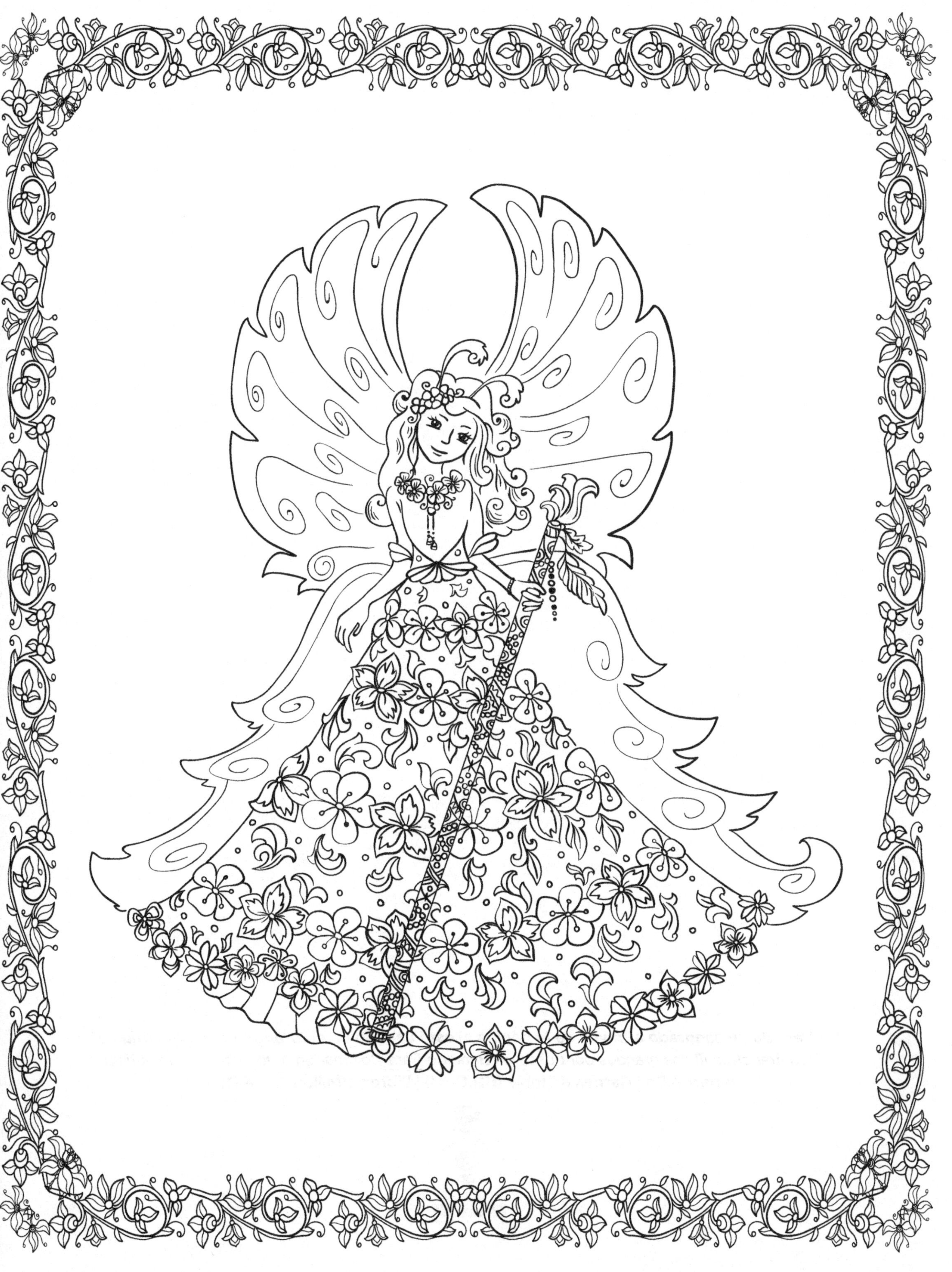

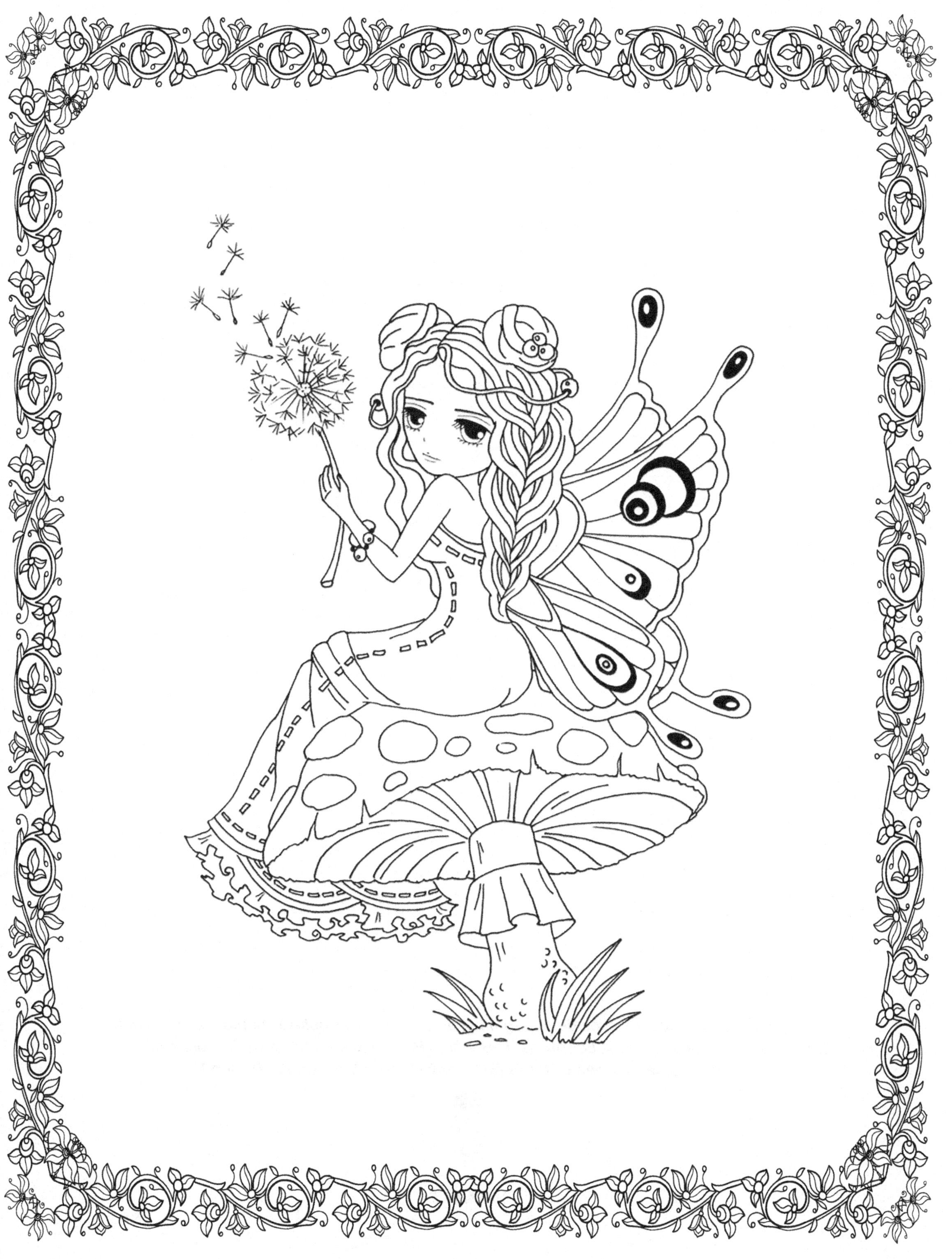

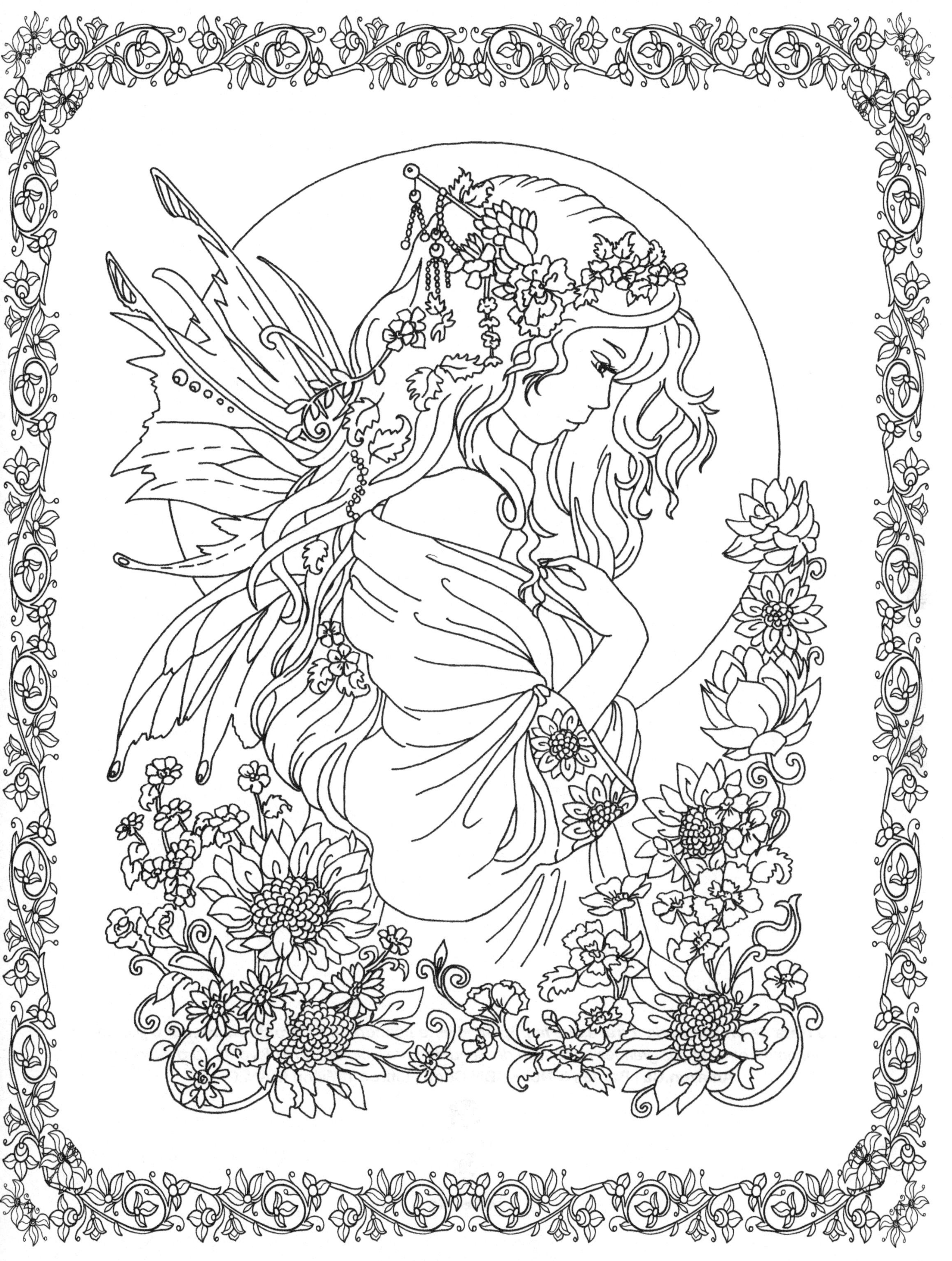

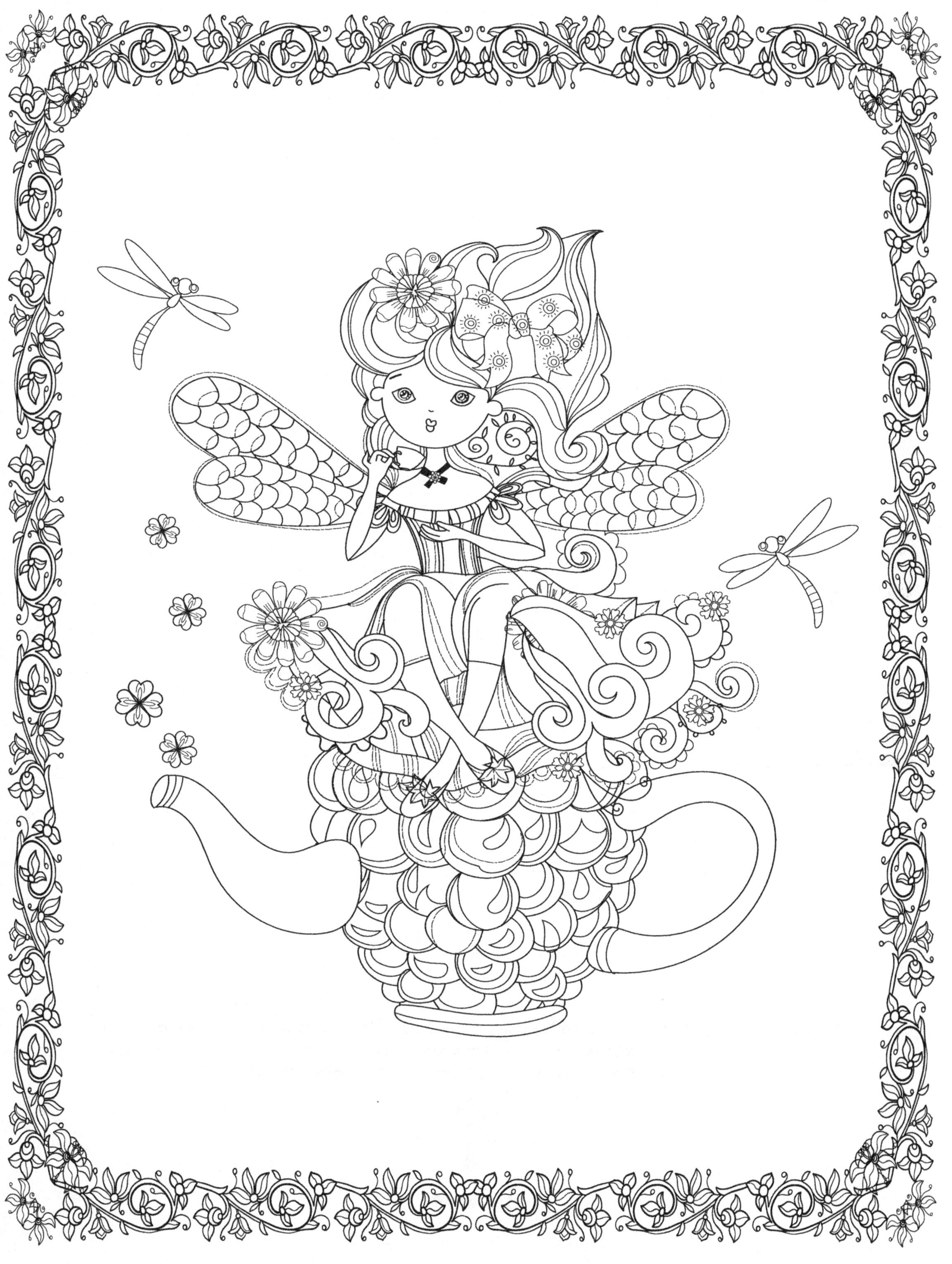

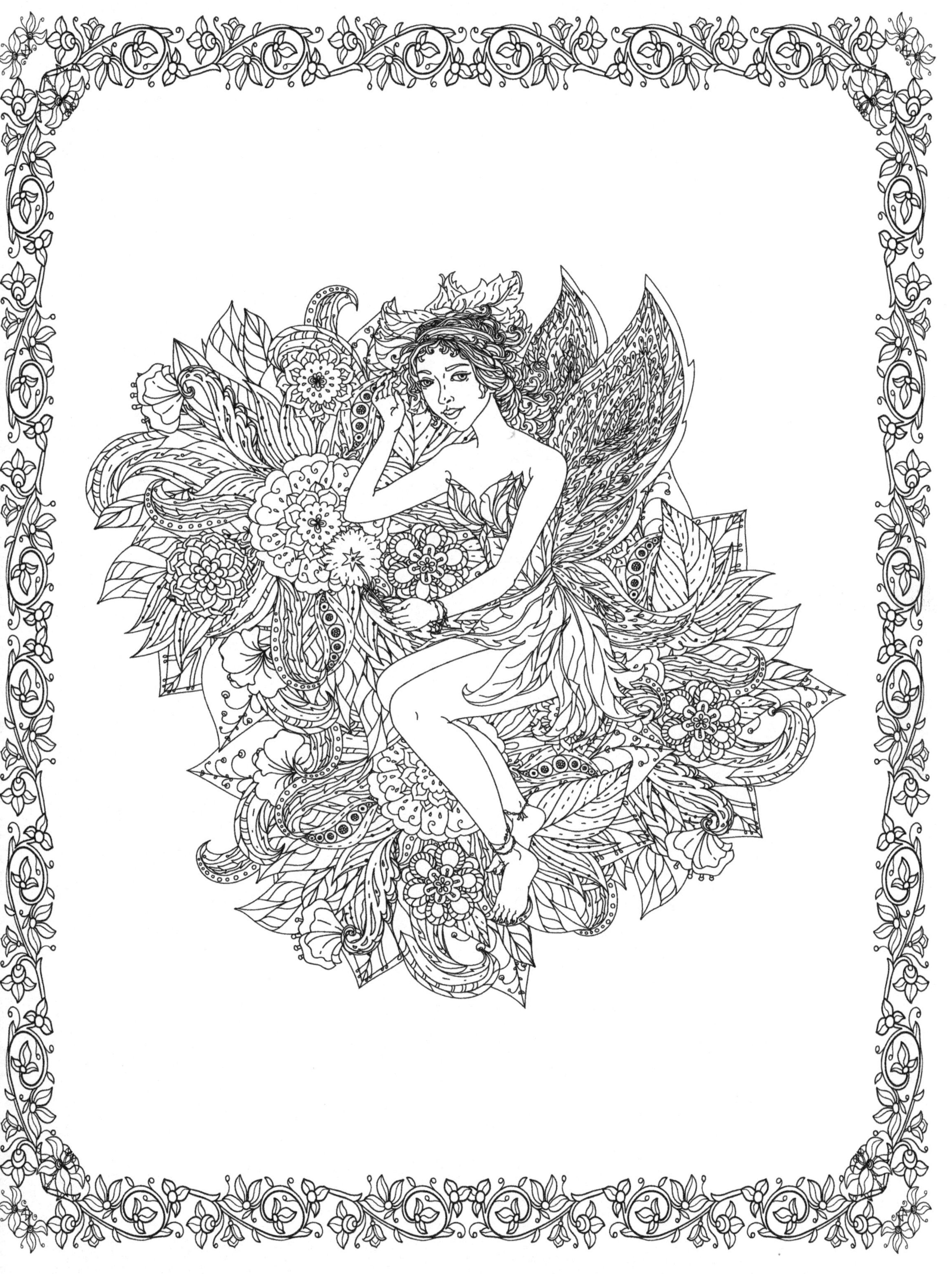